【分享叢書】生命有限而寬度無限，分享人間生命的故事

王健◎著

誰說人老會變醜

【目錄】本書總頁數共208頁

I 開創第二人生

Ⅲ 借鏡老人大國

I

開創第二人生

01 誰說人老會變醜?!

朱自清先生十七歲頭次離家，遠赴北京考試，老父隨行送至車站，由於早到，看見對面月台有人賣橘子，縱身跳下月台買了橘子回來。月台有點高，朱伯伯身體微胖，仍不顧姿態，幾乎用「狗爬式」蹬著上來，害得朱自清很不好意思，「我去買就好了，何必您老人家」，老爸說：「買都買了，你就帶著在車上用」，收下了自父親從皺皺的馬褂口袋掏出來的橘子不久，車子就來了，老爸催促著兒子趕快上車。不久車開了，朱自清一邊揮著手，一邊和老爸道別，也許朱老爸視力不太佳，眼看車子走遠了即往回走，可是朱自清眼光盯著老爸老態龍鍾的身影，一時情不自禁潸然淚下，這個場景意味著人對「愛心」的認同與感受，往往超越純視覺美醜的分際。

我感到朱爸爸的背影有夠美，一般人對所謂「美」大部分習慣用眼睛來識別，看到林志玲不免會讚嘆「好漂亮」，的確，依據文藝復興時期米勒雕塑的美麗女神維納斯，其身高和頭的比例為一：八。所謂「八頭身」即指身體的比例而言，林小姐即有此條件，其實人的各部位皆有一定的尺寸、比例，在「八頭身」的定義下，人的頭形與五官，頭與肩的寬度，腰身到頭頂，腰身到地面若能維持一：一．六一八，大約為三：五的比例，則會看起來具有美感。數千年來，到今天並沒太大的爭議，所謂「黃金比例」即指此數據而言。

人的靈性之所以微妙，不能單純靠視覺來判斷美醜，其實比例上符合美的條件，或形之於外的形貌令人感覺有美的存在，卻有一定的「有效期限」，令人感動的本質往往不是外形上的東西，有時是非視覺的，而是令人刻骨銘心的感受，震撼而久遠，其深刻往往超過荳蔻年華時的美麗，其深度即使人老了、凋謝了，感動依然存在。

人最珍貴的資產莫過於想像力和記憶力，聽母親說起年幼時，一手撐傘，一手揹著我，風雨中在鳳山鎮三民路上兒科診所排隊看診的場景，依我的想像，那是令人感激的一刻，母親使力地揹著兒子，唯恐發燒的孩子淋雨，拚命頂著風低著頭行走，衣襟淋濕了，頭髮散亂了，但她堅強地要送兒子看醫生，想像彼時的情況我雖不能記憶，但母親帶兒看診的場景是真實地在我想像中烙印著，覺得她給我的恩典有如天使的心一般美麗又慈悲。母親活到九十歲過世，至今我心中仍認為她是世界上最美麗的女人。

發表於一〇〇年九月廿四日

02 老人要優雅

我有寫日記的習慣，記得有這麼一段至今令人回味的記事，一九八七年九月，我參加了荷蘭阿姆斯特丹的國際設計會議，順便造訪巴黎，來到聞名的香榭大道，在距離凱旋門不遠處有家知名的咖啡廳，聽說船王歐納希斯曾經包場招待過甘迺迪夫人賈桂琳女士，此店經常有貴客到訪，堪稱是香榭大道上著名的景點。

香榭大道只有一．九公里長，處於協和廣場和凱旋門之間，路面寬敞、車水馬龍，兩旁的人行道寬幅六至八米，並有綠蔭陪襯，其店鋪皆為世界頂級的名店，一眼望去賞心悅目，尤其走在人行道上的遊客，皆打扮入時、優雅萬分。在餐廳裡，客人在就坐前都會摘下頭上的帽子，男生會幫女生備好座位，然後自己再坐下。男士非常習慣坐在女士左邊的位子，和女生位子形成直角，很少面對面坐，這是國際禮儀中不可或缺的禮貌。餐廳或咖啡廳的服務人員遞菜單、端飲料，皆訓練有素地遵從女仕優先，仔細觀察他們對待客人的原則，是把對方看成貴客服務得無微不至，這應歸功於巴黎餐飲工會約束其同業非常嚴格，對客人不敬或稍有瑕疵，若經投訴會被罰得很重。

我坐在窗邊面臨馬路的位子，見一對老夫妻看似鶼鰈情深，兩老皆滿頭銀髮，女的極像電影明星凱薩琳赫本，兩人輕聲細語狀極親熱，就在我面前數步之遙。我看得很羨慕，如果我的父母能像他們一樣，牽著手到處旅遊那該多好，遂習慣性地拿起身邊的素描筆，把這對銀髮夫妻當模特兒，畫了起來，畫到一半，他們倆忽然回眸看到我在畫他們，即時正襟危坐了起來，還帶著微笑表示認同，我很喜歡畫人像，此刻一不做二不休，使出渾身解數把圖畫完，得意地把它送到他們面前說「For you, Sir.」，他們非常高興地要我留下台灣的地址，這一段記憶回台後不久就忘了。

大約一個月後的某一天，我接到從加拿大魁北克寄來的一包禮盒，禮盒中有一包加拿大頂級巧克力，裡頭還有酒，更令我驚奇的是，原來對方也是扶輪社的社員，曾經擔任過社長，退休後和妻子結伴環遊世界，他在信中告訴我，在巴黎的邂逅是他們這一趟遊程中最美好的回憶之一，其中所附的兩幅照片是他倆站在我畫的畫像前攝影的照片，他們用很精美的相框裱起來，我為他們做事的細膩與優雅的身段感動不已。

發表於一〇〇年六月廿六日

03 樂活呷百二

據報載，西元二〇二五年台灣老人人口將超越二十%，屆時五人中就有一位老人，每四人就得負擔一位年邁者，在短短不到三十年中，人口老化的速度將僅次於日本，若面臨跟日本一樣重大災難發生時，會找不到人修橋鋪路，經濟建設亦大幅落後，使國力衰退，致遭中國超越。

依國民健康局局長邱淑媞的見解，許多人誤解老人活得越久，會造成社會成本負擔，她強調其實「關鍵在健康」，我想一點都沒錯，

「老」絕對不是問題，只要老人維持健康、頭腦清楚，正如雷根總統未發病前，以七十高齡和蘇聯總書記戈巴契夫在冰島海邊的小旅館長談後，兩人把手言歡，共同解決了長年以來美蘇兩國的冷戰與爭端，其偉大的貢獻至今仍令人津津樂道並推崇。

一九九八年以來，基於人類科學文明之賜，追求生活上的便捷，飛機越做越大，車速越開越快，一味的追求效率與舒適的結果，耗盡地球有限資源，致生態被破壞，莫名的細菌因溫度的變化而肆虐，又天候異常帶來無常惡果，因之，有人提倡要樂活（LOHAS），英文釋義為生活要「自然」、「健康」、「慢活」、「永續」，來對抗生活上一味追求「速食」、「速辦」、「速成」、「速達」的效率主義，寧可流汗，自己種菜、煮飯，騎腳踏車上路，節電、節油，維持勞動過簡樸的生活，好比琉球大宜味村的漁夫，天天兩腳踏在搖晃的舢板上，手腳並用的捕魚渡日，活到九十歲還可以在船上工作；中亞亞塞拜然的遊牧族，他們在海拔二千多公尺高原上放牛、羊吃草，閒暇時唱歌跳舞、早睡早起，鮮少碰觸3C科技，可以說活在古早時期，但他們個個長命百歲，據聞有人一輩子沒看過牙醫，頭髮到老死還是黑的。

活在都市的老人們要小心，根據健康局調查，台灣長壽村有六處：新北市雙溪區、苗栗縣獅潭鄉、台南市將軍區、花蓮縣鳳林鄉、金門縣金湖鎮和金寧鄉六大鄉鎮，大都為遠離塵囂之地，其特點就是：空氣好、噪音少、緊張少、應酬少、車子少，總之要慢慢活，才會「快活」。

發表於一〇〇年八月十五日

04 有想像力的老人更快樂

我記得有一次在銀髮族年終音樂會台上，宣布要唱一首《綠島小夜曲》給大家回味，即刻有二、三位自稱老兵的「族類」，跑上台來要和我一起合唱，當前奏剛奏完他們就放聲大唱，「這綠島像一隻船……，椰子樹的長影……，姑娘呀妳也在我的心裡飄啊飄……。」看他們忘情地唱，唱得很陶醉，真的也沒想到我才是主角，不過我心裡很高興。這首歌之所以讓他們感觸良深，是有一定的時代背景，他們的感觸及真情流露，唱出了當時苦悶的心境與期待的想像，霎時感動了台下滿座聽眾，因為他們雖是銀髮人，但這一首歌在五〇年代時期流行時，是他們正值多愁善感的青年時代，勾起了千萬種埋在心中的思緒。在多次音樂會裡，名歌星美黛姐也唱過這一首歌，同樣地受到廣大喜愛，我在多次主持節目當下，深刻地感受到這首情歌會引起強烈反應，是始料不及。

有一首歌叫《四季之歌》，歌詞中寫著，春天好比是滋潤我的至友；夏天好比是賜我能量與熱度的父親；秋天好比是溫婉浪漫的情人；冬天像是頂著寒冷堅強的母親，從歌詞的描寫中，唱此歌的人可以透過想像，咀嚼品味其蘊涵的意境，邊唱邊覺得令人回味無窮。

人類最大長處就是具有想像力而偉大，有了想像力，才會有創造力，才可能有發明與文明的出現，想像力可貴往往是與生俱來，不必透過學習，也不必有高深學問，只要沉澱心情、冷靜思考，想像力就可能會天馬行空似地湧現。發明飛機的萊特兄弟一天到晚想像自己能像鳥一樣飛，且費盡心力，終於可以飛達一百多公尺之遠，終究為今日飛行器開啟了先河；哥倫布之前沒人知道地球是圓，還是方，依他的想像應該是圓的，且身體力行，以生命做賭注，不但在一五〇二年完成繞地球一周的實驗，還發現了新大陸，想像力之能量在此證明，一切創作與發現，是人類進步及實現夢想之動能。

人年紀一大，四肢也許不靈活，行動力大不如前、視力減退、聽覺不靈、記憶力喪失，但是不要失望，照樣保有想像力，它是少數讓自己從想像中，可以獲致快樂的方法。

摯友東方出版社前董事長陳思明先生的高堂八十二歲生日那天，

我有幸參加她老婆婆的生日晚宴，在席上，我知她早年過世的先生是位彈吉他高手，也很喜歡唱歌，我隨即唱了兩首和吉他相關名曲，台語歌翻譯成《溫泉鄉的吉他》，這一首歌是昭和時代情人們的必唱歌曲，我認真地唱著，老婆婆竟然哭泣起來，令我很驚訝，追問之下她告訴我，這首歌在她和先生談戀愛之時，經常聽他邊唱邊彈，五十五年來已成絕響，經過我一唱，想像畫面霎時湧出。

所以說，想像力是一個人最大資產，有了它可以豐富思緒、催化情感、享受生命旋律，同時也是快樂的泉源。

發表於一〇一年一月廿八日

05 快樂憑感覺，健康靠醫學

鳳飛飛、鄧麗君兩位歌壇巨星英年早逝，國人都非常惋惜。鳳姐在二〇一一年六月進過醫院看醫生，說是喉嚨長繭，取消了原定的音樂會，讓廣大鳳迷頗感失望。

但我失望的不是音樂會取消，而是當時鳳姐沒有積極去做徹底的健康檢查。有些徵兆用X光是無法驗出的，超音波也不能，起碼得用電腦斷層掃描才有可能。鳳姐原可避免到癌末時才發現，隔年就走人，實在很遺憾。

而鄧麗君剛從法國欲回亞洲住居，路經泰國清邁，在當地氣喘發作，因無人從旁救助而病逝，她原本就有氣喘舊疾，我懷疑當地氣候潮濕多菌，屋內空氣中充滿細菌與塵蟎，因眼睛看不到而住進去，是癥結所在。

日本NHK電視台提供的裝潢常識透露，剛裝修的新屋不可以馬上搬進去，要先通風、消毒、再通風，最少等七至十天才可入住。台灣俗語說：「久不住人的空屋會有鬼。」我認為這句話是對的，所謂的鬼就是「細菌」。

十幾年前，在台大醫院骨科病房裡，我國知名企業家厚生公司董事長徐風和先生剛做了骨刺開刀手術，手術一切順利，移到普通病房後，眾多親朋好友前來探望，他老人家有說有笑，幽默依然，然而情況突變，一週後竟然過世，大家頗為震驚，結果查訪之下才知是院內感染，感染來源很複雜，而其中空氣就是元兇之一。

我們必須體會到自己的雙眼並不可靠，感覺也不一定對。科學家告訴我們「看不見的東西比看得見的多很多」，因此可獲得兩個簡單結論：一是對自己的身體千萬不能心存僥倖，也不能大意。一位美國友人很驚訝台灣人很喜歡自己買藥自己醫，有時竟然可以在藥房買到抗生素，覺得很不可思議。再者要定時做檢查，六十歲以後依醫生指示，根據病歷追蹤之需要二次或四次，持續有節奏地靠精密儀器來判定，千萬不能用感覺治病。

報載有位女性不抽菸也常運動，平常「自我感覺良好」，但持續咳嗽一陣子後自動就醫，發現是第一期肺癌還未轉移，動手術後一切回歸正常，可敬的孫越、蕭萬長都屬這類情形而獲救。

要確保快樂先要遠離病痛、遠離憂愁，根本之道就是對身體不要太有自信，要相信科學，相信檢查、再檢查才能得到安心，也才能知道「鬼」藏在何處，檢查才是健康之本，也是快樂之本。

發表於一〇一年四月廿二日

06 快樂訓練營

由於到處演講，講後依例都要表演一段拿手的小喇叭助興，大家聽了都頗覺得快樂，我也樂此不疲，不過會後有人問：「快樂有沒『講義』可以參考？」，其實指的是我的演講稿。我答：「就是這裡」。隨即拿講稿給需要的人，他們竟然拿去影印，可見反應還不錯，因此我決心把大綱重加整理後，把它印出來分享。

講義行動篇是從日記中轉載每週一場，每場三十分鐘，連續三十六年，總計一千六百場扶輪演講所獲得的紀要，抽取和快樂有關的部分供大家參考，雖然沒有順序，但一切都很珍貴。要快樂，要先訓練自己學習快樂的作為，並付諸行動，即⑴不可退休，人若車一樣，可以停車，但不能熄火。⑵要流汗保持忙碌。⑶要檢查再檢查，再面對。⑷說好話讓人先快樂，自己才會快樂。⑸學習「黃金比例哲學」，凡事出力十分之六．一八即可（黃金比例為一：一．六一八），飲食、打球、穿著、消費皆然。⑹學習優雅則人人和氣，且具美感。⑺寫日記蒐尋感動的來源，體會世間的美好。⑻戒菸。⑼學才藝，依興趣專注地玩會得到快樂。⑽參加社團，獨樂樂不如眾樂樂。

最近不但在銀髮總會擔任快樂主委，又多了一個國際扶輪三五二〇地區快樂委員會的主任委員工作，一肩要扛起兩會，促進快樂的重要工作，責任不可謂不大。我認為很多人想快樂，需要花錢或有設施、情境的配合，其實什麼都不需要，只要在觀念上修正一下，就會不一樣。其中最明顯的是「活著的感覺」，學習欣賞生命的神奇，吃得下、放得出、睡得著，就是一種快樂。

人怕孤獨，參加社團之後，大家相互關懷、相互取暖，辦各項活動，跳舞、下棋、歌唱、登山、郊遊、打球、讀書會、美食會、座談會、志工團，大家可擇善而行，尤其在例行的演講會上能學習到全方位的知識，可以聽到蘇顯達的小提琴、愛樂交響樂團的演奏、外交部的活路外交、嚴長壽先生的教育觀、魏崢心臟科權威的護心理論、營養學家的食譜介紹等等不一而足，其特點是沒有貴賤、種族、男女之別或意識形態令人罣礙的阻撓元素，人人自由自在，這就是銀髮協會短短不到三年就擴及全島的原因，扶輪社亦復如此，全世界已經一百二十萬人加入，這是一個訓練人脫離孤立，融入社會學習，並從助人與奉獻中體驗人存在的價值，而獲得喜悅與快樂的營地。

發表於一〇一年三月三日

07 天天星期一，日日奮起時

想起嘉義「奮起湖」，就想便利超商的可口便當，但這裡要描述的也是一個「奮起」的故事——劉寧珍先生從一介貧民創造財富的故事。

劉先生念國小的時侯，和姊姊每日天未亮時，就得背著沉重的自家生產的「竹筍乾」，到奮起湖車站兜售，以賺錢補貼家用，放學時還得採地瓜葉帶回家來養兔子。小學畢業讀初中，下課時改賣香菸。由於兼職過多，家庭經濟又差，初中只念一年就輟學，學做生意。

劉寧珍始終不嫌家境貧寒，也無懼社會對他低學歷的評價，他只懷抱著嘉義人常說的一句話「我一定要成功」，日以繼夜、奮戰不懈，不知艱困為何物。十九歲時在嘉義市博愛路，開了一家生產清潔用品的工廠，不到三年就跑到台北創業，仍舊賣的是清潔用品。最初在中華路開設的小店面，只有六尺長、八尺寬的一個小閣樓，擠滿全家五個人，睡覺時還得穿插著睡，可謂創業維艱。然而，生活的貧窮並不意味著他「鬥志」的貧窮，反而激發出他無比的「爆發力」，歷經一年餘的攢戰，終於攢到一筆錢，買到法院拍賣的南京西路三六九號店面。從此奠定了立足台北的基礎，也讓他有機會到美爾頓補習，並進入建中補校、台北商專等完成未完的學業。

一九六七年的某一天，有一客戶要設製冰廠，為求改裝空屋向劉先生借款，經營第一年就碰到霍亂流行，第二年又遇到三重水災，機械全泡湯，而借錢的葉姓經營者不幸因病亡故。此時劉先生一方面協助辦理喪事，一方面為其收拾殘局，使未亡人葉太太感到欠人太多，無以還債，遂把公司唯一的一支電話，贈給劉寧珍先生以為回報。

手裡握著人生第一支得來不易的電話，發覺這項東西實在好用，於是學做生意起家的劉先生開始改賣電話機，以通訊器材為名，開起了全國第一家以電話器材為主的「世界電話連鎖店」，不久分店遍布全國，他的經營態度是將每天視同星期一，日日奮起，不經數年，蛻變為上市的神腦國際。近八十歲的他，在不斷的回饋中，生活得很快樂。

發表於一〇〇年七月四日

08 所謂退休

我國現行的退休制度大約以六十五歲做一界定的概念，但也有以服務年資屆滿一定的年數做為退休的基準，無論如何，到了一定的時辰，就得從原來的職場或工作處所離開，以便機構更換新血，避免老化，這些現象大家都認為理所當然，無庸置疑。

人從生到死是一延續生命體，生、老、病、死無人可免，然而生命有長有短無法預測，有人長命百歲，有人早年夭折；但此和生命的品質沒有直接的關係，樂曲之王莫札特生於一七五六年，活了三十五年就病死，他從六歲開始，就和長他五歲的姊姊安娜被父親帶著巡迴歐洲各地表演，日以繼夜為表演曲目忙著作曲，由於才華洋溢受到當時宮廷的喜愛，在日理萬機的操勞之下，身體漸壞。一七九一年，他才三十五歲，為國王雷奧二世即位的作曲《魔笛》未完成就病死，由於醫藥及負債，身後悽慘，被埋在無名的墓園。

《悲愴奏鳴曲》的作者貝多芬，在父親粗暴的管教下成長，晚年受耳疾之苦，仍舊奮力作曲，完成交響樂無數，在一八二七年以五十七歲之齡死於腹膜炎。以上這兩位的共同點是「做到死」才方休，無所謂「退休」，他們生命雖短暫，然而帶給這世間滿滿的熱力與光芒，可謂價值無限。

醫藥的進步，人類輕輕鬆鬆活過六十五歲已是常態，然而法規要你「退」，親人要你「休」，我認為是人之常情，但我認為真正的退休不是「熄火」也不是「停頓」，而是另一種生命形態的「開始」。

蔣宋美齡的繪畫老師，師大黃君璧教授年屆九十仍作畫不倦，世界畫壇巨人張大千早年移居巴西，歷經寫實時期、工筆時期、敦煌時期、潑墨時期，一直到八十四歲沒聽說他有退休過，這些有創造力的人為何沒有退休的思維？很簡單，因為人可以衰老、可以視茫、可以重聽、可以健忘，但人的經驗、智慧與靈性不會退化，因之我們老了可以轉換、可以換軌，照樣也可以自我創造，不必退休，照樣可以貢獻社會並創造快樂。

發表於一〇〇年七月十四日

09 老化物語

七月正值初夏，日本東北地區正是西瓜盛產時期，今年供應量大減，西瓜賣到東京市場，價格飆到三千六百日圓一顆，大約新台幣一千二百元上下，貴得很離譜，據當地記者詢問的結果，原來有很多瓜農紛紛放棄種植，改種柑橘去了，主因是西瓜飽熟後重達一、二十公斤，這些老果農雖然身體仍算硬朗，但每逢收成時，由於缺乏人手，必須親自下田收割，大面積的收成，還要從西瓜田搬到貨車上堆積，對他們來說是一場無情的折磨。扭傷、閃腰者不在少數，況且以大型貨車運到果菜市場，其運費單價又偏高，利潤相對變薄，因此這些情況一直隨著果農老化逐漸惡化。NHK電視台不得不告訴國人，和節電道理一樣，要「節吃」西瓜。

民國五十五年，我從陸光足球隊被選為國家莒光足球隊代表，集訓在內湖兵工廠舉行，每天早上在喝豆漿之前，隊員必須從內湖兵工廠球場，沿著公路跑到台大運動場，繞場一圈後再跑回兵工廠，全程來回約十公里，每天如此，跑不到就會遭到淘汰，足球員本來就都是長跑健將，十公里路程算不了太大的挑戰，以我當時二十六歲年紀，算是小CASE一樁。四十歲後學打高爾夫球，記得在長庚球場北區，第一洞距旗桿一八〇碼，當時用開球桿一記打到第二洞的開球台上，桿弟告訴我打太遠了，這一桿大約有二五〇碼，即用力過猛之意，三十年後我又到同一地點，桿弟叫我可在「銀髮族」的開球台上開球，一桿揮出竟只落在旗桿前二十碼，算一算只飛了一六〇碼遠，三十年前二五〇碼，三十年後一六〇碼，平均一年以三碼的距離在消退，同樣的姿勢打球結果何其不同，這只能用「老化」來解釋。

其實西瓜搬不動、球打不遠，是老化現象之一，這屬於體能的範圍，但總不能因體能下降就不思活動，不活動則氣血循環功能就下降，免疫力隨之減弱，百病叢生不無可能，想想老將軍楊森先生九十四歲還登山祝壽，王永慶先生跑長跑祝九十歲生辰，皆是抗老成功的先進，老並不可怕，最怕倚老賣老，萎縮不動，則後果堪憂。

發表於一〇〇年八月一日

10 早素・中素・晚素

前日在國賓飯店聽教育部政務次長林聰明博士演講，他語重心長地告訴社齡已達三十六年的老扶輪社社員，諸多關於養生與環境問題的看法，建議我們必須改變現行的生活方式，並以影片為佐證。

他舉證在民國三、四十年代國人最流行的病變是腸胃炎，四、五十年代是肺結核，到了六、七十年迄今，癌症成為死亡的頭號公敵，究其原因是國人在經濟起飛後生活逐漸富裕，也改變了飲食的習慣，大量洋化的餐食引進台灣，加上生活步調加快，「垃圾食物」大量填進了肚子，尤其是從小孩、年輕人，一直到長大為止，皆無不受影響。

受速食之害最深的莫過於美國，近八成的人習慣吃油炸的肉食，把美國人的健康指數一直往下拉，肥胖、心肌梗塞、中風、癌症等，使美國人的長壽指數無法提升，其中最明顯的例子為美國總統柯林頓，他做過心導管手術，也做過心臟繞道手術，柯林頓在影片中現身說法，手術後不再喝牛奶、吃肉食，早、中、晚皆改以植物性的食物如堅果、穀類、蔬菜、水果果腹，不再食用動物性的食物，以維持鹼性體質，避免消耗身體中的「鈣」，在三位醫學博士之指引下，徹底改變手術前的餐飲方式，如今他大聲地說，再也不擔心心血管阻塞了。

我們通常會講到「垃圾食物」，指的就是高熱量低營養的食物，林博士提出有下列幾種：一、油炸，二、燒烤，三、加工肉品，四、醃製品，五、碳酸飲料等，除此還建議我們吃魚也要小心，大部分的深海魚類或大型魚類經過科學家的檢驗，經解剖之後發現體內有大量的汞，及四百億噸被排放進海洋的垃圾所汙染形成的「塑化物質」，建議我們吃小型的魚，但也不能吃太多；同時他又告訴我們吃蛋或雞肉也須小心，通常養雞的人會在飼料中加進賀爾蒙激素，讓本來六十八天可生蛋的雞提早到四十七天就生蛋，這些非自然手段養成下的雞或蛋，皆不是良好的食物，大家要謹慎，而豬牛肉也有同樣的情況。

在影片中令人印象深刻的是，榮總腸胃科權威醫生王榮輝表示，國人每六分鐘就有一人死於癌症，他歷經三千餘次的開刀經驗，告訴我們人類的腸和牛馬一樣曲曲折折，和草食性的動物無異，尤其在牙齒的結構上，上蒼給我們的設計本來就是要吃素，若要吃肉應該設計有獠牙才對，因此我們必須以順天應理的思維來進食，吃素還可避免增加環境的二氧化碳，何樂不為。

植物性的食物可能有營養成分不足的疑慮，但根據營養專家的分析，黑芝麻、香菇、紫菜等，在含鐵、鈣、維生素B12及微量元素，皆不亞於肉食且不殘留賀爾蒙的風險，吃素的人如肯亞的馬拉松選手耐力驚人，吃素的牛馬力大無窮，大家想想應該願意少吃肉了吧！

發表於一〇〇年十月十三日

11

沖繩人的長壽祕訣

日本有一對孿生姊妹花叫金婆、銀婆，年輕時演藝事業就紅透半邊天，由於兩人天性樂觀又頗具才華，政府為獎勵其貢獻，在雙雙九十歲時封她們為「人間國寶」，她們活到一〇三歲後相繼過世，至今日人每每想起她們倆在鏡頭前面說學逗唱，扮美、扮醜自得其樂的模樣，深深打動人心，讓人懷念。

一九九七年為研究日本人長壽之原因，我特別走訪沖繩縣大宜味村，據厚生省的統計，該村是所有日人平均年齡最高的地方。日人的平均年齡（據日本內閣府的報告至二〇〇九年十月），六十五歲以上人口達二九〇一萬人，達人口數的二十二．七％，是世界唯一超出二十％的國家；至二〇一〇年女性平均壽命為八十六．五歲，男性為七十九．六歲。仔細地觀察該地，屬於靠海的漁村，大部分人靠海討生活，男生駕船、捕魚，女生潛水、撿拾海藻、捕撈海膽，個個身懷絕技，終日悠游於大海之間，而其下工後的生活極為單純，不是唱歌就是打雜，鮮少都會式的生活作息，由於沒有煙囪、空氣又好，個個人看來都健朗自在、活力十足。

走在岸邊和一位老者打招呼，我看他瞇著眼睛，一邊嘴上還哼著歌，一邊在搖晃的小船上拉繩子，看似悠閒，「請問阿伯你幾歲？」我問道，他即刻大聲地回答：「我九十四歲」，霎時讓我嚇了一跳，原來他老人家從小捕魚到現在，身體天天在操作運動，天天在搖晃的船上練腿功，難怪他老人家這麼大的年紀，我看他卻一點都不覺得老之將至的模樣。

沖繩縣之所以聞名，不只是因出了名歌星安室奈美惠，而是它以長壽為冠軍中的冠軍而聞名，原因很簡單，第一、環境徹底要自然；第二、空氣要乾淨；第三、不管身體狀況如何，一定要持續地動；第四、生活要單純；第五、心態要達觀；第六、欲望要減低，以上是我看見活潑老人的見證。

發表於一〇〇年四月七日

12 廢用症候群

馬偕醫院心臟外科名醫李君儀醫師，對開過心臟手術後等待復元的病人，建議每週至少三天要走路，每次三十分鐘，如果做體操最好做到微量出汗為止，還附帶叮嚀少去公共場所，以免因體能不佳、免疫力降低而遭受細菌感染，尤其對我這近七十歲的人苦口婆心，每次複診時都會提起。

這種因不運動而造成體能下降的情況，在這次日本東北地震、海嘯及輻射的重大災變裡就浮現了，銀髮族們在冰冷的避難所裡紛紛病倒甚至死亡。根據東北醫院的報告，由於這些年邁老人離鄉背井來到生疏之地，加上生活條件極差，首先表現出來的現象是心理上的創傷，呈現憂鬱反應，整天席地而坐鮮少走動，遑論運動。災變三週後，總避難人口十八萬人當中，近二十％的老人都出現了所謂的「廢用症侯群」，意即經診斷，各種器官的機能其有效指數逐漸減退，嚴重者甚至器官衰竭，這是一種惡性循環的病症，一個人因體能下降就不思運動，不運動則體能下降，致免疫力同時下降，互為因果。

有人說腳是人第二個心臟，腳能保持勇健，才能帶動全身運作，NHK電視台每天三次播放體操節目，每次十五分鐘，鼓勵全民要動，動了才能呈現活力、促進血液流通、保持頭腦清楚，從小學生、公務員到老弱者皆不例外，所以日本國民受惠於國家傳播機構，維持世界第一長壽之國美譽。

一年前在日本中越地區發生大地震加上雪崩，當時眾多災民在避難所過生活，至今將近一年有餘，醫學報告裡最多的是靜脈屈張、心肺功能下降，致有三成多的老人出現呼吸困難的現象，和此次東北避難所的諸種現象如出一轍。

老人之所以老，皆因器官老化，修復功能減低所致，若不及時設法彌補保健，則往往終致不堪使用，衰竭而亡。所謂「用進廢退」是我們養生最佳的保障！銀髮族們大家動起來吧！

發表於一〇〇年四月一日

13 長生不老「藥」

史載秦王為求長生不老，特別請人遠到東海求千年之艾，結果仍然無法達到長生不老之願。依據日本厚生藥品檢驗結果發布，來自中國所謂「漢方藥」的成分有近三成含有重金屬如鉛、汞之類的元素，其中如有名的雲南白藥亦列名其中。自古以來為了求能長命百歲，人們想盡辦法如煉「丹」、煉「丸」之類，以求長壽，結果國人的壽命未見增長，直到孫逸仙博士、康有為、梁啟超等人發起「中學為體，西學為用」的實證科學後，在醫學方面的發展才有助於生命的延續，也才逐漸從「東亞病夫」的惡名中脫離。

在長庚高爾夫球場，每個月的頭一星期天有支號稱同心隊的球隊，隊中有六名醫生經常會談起養生的方法。有一次我因感冒求助李堯堃醫生，他說治感冒很簡單，第一不要吃藥，第二流汗，第三多喝水，第四吃香蕉，第五休息睡覺就可以，我聽了嚇一跳，怎麼可以不吃藥？但心中雖存懷疑，我還是照做，果然兩三天就改善，事後李醫師以七十五歲的長年行醫經驗告訴我，藥是兩面「刃」，好了一邊也可能壞了另一邊，其實人本身就有「製藥」的工廠，其產品稱為「免疫細胞」，深具可貴的「修復功能」，其機能即為「免疫力」，免疫力就是最好的「藥」。

又據聞台灣人洗腎的密度是世界上最高，到處可見「洗腎中心」，其原因不外乎亂吃藥引起，台灣人喜歡自己買藥吃，病了固然買藥吃，人好端端的也吃，如保肝補腎健胃養精等不一而足，在日本醫生的眼中覺得很不尋常，也不可思議。

除了免疫力外，第二種最好的「藥」就是流汗，汗和尿雖然相近，但其所排出的成分還是有所不同，從身體排出體外的重金屬，由汗排出去的多過於尿，因此所謂的「排毒功能」，流汗是最佳的選擇；第三，檢查是最好的「藥」。設立於大阪的老人福祉機構，滋慶學園的創辦人浮舟邦彥社長，曾經在扶輪社的演講中談到，人的身體和一艘船一樣，其機件必須在一定使用時間內定期檢修，同時在其機構內特別設了所謂的「人間船塢」（Human Dock），六十五歲以上的人一年要檢修兩次，七十歲以上三次，八十歲以上四次，定時定項，無論有病沒病就是要檢查，有病馬上「修理」，用這種「船塢」觀念來檢視身體，其優點是不讓「病源」擴大或惡化，可及早處理而獲得安心，進而建立快樂的人生，「長生不老」並非遠不可及，秉持三項原則便無異良藥。

發表於一〇〇年九月十七日

14 銀髮達人

在扶輪社的世界裡，充滿許多跨國的著名故事。一九六九年宏都拉斯和薩爾瓦多兩國足球比賽，因裁判糾紛，引起球迷不滿，霎時兩邊暴力相向，鬧得不可開交，引發軍警出動，雙方甚至不惜宣示一戰。

為了一場足球比賽，兩國交相指控行為不當，搞得國民敵對情緒沸騰。眼見茲事體大，兩國扶輪社總會大老們趕緊跳出來扮演和事佬，緩和雙邊衝突，提出扶輪精神四大主軸——「寬容」、「無私」、「正直」、「樸素」等意涵，在兩國會友努力協調下，化解了一場無謂的「足球戰爭」。

一九八九年，時年七十歲的美國總統雷根和當時蘇聯總書記戈巴契夫，在冰島的海邊小屋密談，結束了人類長久緊繃的冷戰時代。戈老解散蘇維埃黨國體制，讓小國們獨立，將蘇俄自沙皇時代沿襲下來的專制獨裁，一改成為接近民主的現代化國家，這些事蹟證明了老人的智慧，是從諸多事務與經驗中歷練出來的判斷，其影響往往巨大無比。

台灣對大陸關係原本採取老死不相往來的「三不」政策，但民國七十五年總統蔣經國卻開放「老兵返鄉」計畫，使得離鄉背井數十載的老兵們可以，解思鄉之愁，蔣經國當初的決斷，影響了日後台灣與大陸關係，才有今日兩岸交流的榮景出現。

民國六十二年，台灣第一次發生能源危機，社會浮動不安，老百姓剛從農業社會轉型到工業社會，很多人因謀生困難，輕者憂鬱，重則自殺。眼看許多百姓身處苦難之中無處投訴，遂有善心人士與馬偕醫院合作，於民國六十六年成立了「生命線協會」，特設專線二十四小時，服務投訴無門的窮苦百姓，在醫療上予以協助，至今獲救者達數千人之多。

然而很多人尚不知道這位善心人是何許人也，幾經打聽之下，這位老先生今年一百歲，是國際扶輪社三五二〇地區的模範社員，他長久默默行善，二十二年當中捐四十六萬部輪椅給弱勢團體，不為人知，我稱他為「救命達人」，他是台北北區扶輪社曹仲植先生，扶輪名字叫「**P.P.C.G**」。

發表於一〇一年五月三日

15 擇善固執護健康

同一天從電視螢幕上看到兩則訊息，一是以色列國會明文禁止「紙片女」，即BMI值低於一八．二的女性模特兒不得上台表演時裝秀。其實英國、西班牙等國早在數年前已經表明相同的觀點，不鼓勵骨瘦如柴的女模們上台，理由是不能為追求美麗而損害健康，也怕國民被誤導，產生「瘦才是美」的錯誤觀念。二是孫越先生大力勸癮君子們戒菸，說他在菸齡三十七年後成功戒菸，雖已戒癮多年，但至今還被「COPD」（Chronic Obstructive Pulmonarg Disease）症，即慢性阻塞性肺病所困擾。

衛生署近日發表統計數字顯示，台灣抽菸人口有逐漸下降的趨勢，但另一方面肥胖的人口則有增無減，尤其是年輕男性接近五〇·九%的人過胖，女性占三十二·八%，且年齡層持續下降當中。十八歲以上糖尿病人中，男性BMI值大於二十七者占四十九%，女性占五十一%，可見肥胖是導致糖尿病的重要原因之一。

由於西食東漸，油炸速食大舉入侵，人們往往為貪圖方便而大量食用，時間一久，累積的惡果跟著浮現，也就是肥胖上身，也成了「三高」候補者，等年齡一大即成重大死因——心血管疾病、腦中風、糖尿病——等的患者。肥胖嚴重影響國人的健康，後遺症是腎臟病變必須洗腎，大量浪費社會資源，其他如末梢血液循環問題及視網膜剝離等，都是由陳年之痾引起。

前總統蔣經國日理萬機，經常下鄉 Long Stay，老百姓熱情招待，他為了體恤民眾盛情，凡有吃的來者不拒，加上沒時間運動，身體逐漸發胖，糖尿病隨之而來。歷經折磨，縱使全國名醫隨侍在側，依舊挽不回他的生命，這些事實證明，一切的結果都從「遠因」開始。日本人把糖尿病、高血壓等歸類於「習慣病」，其病灶並非一朝一夕造成，而是日積月累出來的。

習慣有好有壞，養成之時或有意或無意，並沒有多少跡象可循，但習慣經過長時間累積，後果就非常明顯。王永慶九十歲時還可以長跑慶祝壽誕，歸因於他從四十九歲起養成運動的習慣，打了幾年高爾夫球之後換成游泳，在六十一歲時開始長跑，數十年擇善固執之餘，贏得了長壽。銀髮人當以王永慶為榜樣，去掉壞習慣保留好習慣，活到百歲將不只是夢想。

發表於二〇一一年四月十二日

16 百歲人瑞

依據內政部統計，全國百歲人瑞有一五〇九人，百歲以上之人瑞中女性一〇一四人，占六十七．二％，為男性四九五人的兩倍。男性最高齡者一百一十歲，住台中市；女性最高齡者一一一歲，有二位，分別住在花蓮縣及南投縣。而日本最高齡者所在的百歲人瑞村，位於沖繩臨海的大宜味村，平均年齡近九十歲，為全日本最高齡者。

人能活到百歲有一定的道理，科學家指出，人類壽命可以活到一百二十歲，但因為癌症、心血管疾病及意外死亡等各種因素而折壽。

台中榮民總醫院王輝明醫師對癌症形成有精闢的註解，他認為最重要原因有三：一為基因，基因存在遺傳因子，有癌症病史的家族，下一代親人得特別小心。二為環境因素，常常暴露在輻射、有汙染毒素的環境裡，加上環境荷爾蒙的干擾或長期噪音的刺激，必然會使生理機能受到負面的影響。三是生活習慣，尤其在飲食方面，高脂、高鈉、高熱量的食物導致身體體質趨於「酸性」，加上許多人偏好速食而造成高血脂及肥胖現象。

以夏威夷第一代日本人為例，得到癌症的比例並不高，到了第三代日本人，由於偏向美式飲食，以吃肉為主食，得癌的比例二倍於第一代日人。台灣一九五二年時，癌症死亡只排行第五位，到二〇〇一年後，竄升第一位，死於癌症的人口占二十六．四%。二〇〇三年約有六萬人因癌死亡，而到了二〇〇九年，每七．五分鐘就有人死於癌症。國家每年要花一百億來治療癌症，加上每年洗腎病患居高不下，醫療上的損失不可謂不大。

長壽人人想要，但對於維持長壽的方法，很多人都「知易行難」。簡單介紹幾位百歲人瑞的生活祕訣，巴西一一四歲的瓦倫婷阿嬤教人「不要管太多」。百歲人瑞畫家小柴千枝子「每日步行三公里，天天作畫，早睡早起」。百歲阿公印度人瑞辛格，全球最年長馬拉松選手，挑戰二〇一二年愛丁堡馬拉松大賽，每天慢跑十六公里、吃薑汁咖哩並喝大量的茶，他們的共同點是能持之以恆，用快樂的心情享受生命。

發表於一〇一年一月廿六日

17 老老哲學

「人生如戲，戲如人生」。人從出生到死，每個人的處境相同，既無法決定出生，也無法決定死亡，在態度上有如流行歌曲描述只要「瀟灑走一回」就好，表示活過、演過，角色是好人、壞人、窮人、富人，都不必計較。總之，證明你在這浩瀚的宇宙中扮演過一顆沙粒的角色，曾經「存在」即可。

日本名作家曾野綾子最近的名著《熟年的才情》一書，對於老後必定面對「孤獨」、「貧病」、「死亡」的想法有精闢的見解，上述的一些現象既然無可迴避，必須設法用不同的角度去接受並反思因應之道，言「孤獨」並非壞事，有時孤獨反而有清新的思維，心情也因感受孤獨的寧靜、安詳與自由，而獲得更為自在的生活情趣。

人老了必須改變既有的思維以適應年老後的變化，譬如學習轉移「運動」的部位，年輕時自恃體力充沛，動手動腳，以體力解決問題。年老之後手腳不靈，但知識經驗充沛，則必須改以腦力來解決，才是正道。

有很多人害怕面對死亡，但有些人怕的不是死亡，而是怕死的不快樂，如丹麥的老人們在進入病房之前都拒絕急救、插管、化療，甚至自己「拔管率」更是世界最高。

扶輪社界的名醫台大醫學博士郭金塔老先生九十七歲時來社演

講，他雖然高齡，卻聲如洪鐘，丹田有力，不藉枴杖仍步伐穩健，他說「活好今天，準備明天」即可的哲學，表面上看來好像只為了兩天好好把握，做為我們面對人生的方法，其實他所謂的「明天」有無限的長度，養成正向的習慣，鋪好優良的條件等，讓你明天一覺睡醒可以看見陽光，他九十七歲的人生是以最簡單的公式活了過來，不得不教人敬佩他的聰明。

在日本演藝界最經典的雙胞胎藝人金婆、銀婆這對孿生姊妹花，從小出道即被社會定位為童星中的丑角，因為她們倆在舞台上扮美、扮醜自得其樂，演盡說學逗唱各種角色，縱橫藝壇八、九十年，至一〇三歲時雙雙過世，死亡時醫生宣布她們身上有四個癌症，但不是因癌死亡，而是老化衰竭致死。樂觀的人雖然有癌症在身，卻懂得與癌共存，沒看見她們罹癌後呼天搶地、驚慌失措，一方面以快樂提振「免疫力」，認為死亡沒什大不了，是自然之事；一方面準備隨時走人。看完曾野綾子的《熟年的才情》一書，我心有所悟。

發表於一〇〇年十一月二十日

18 別管太多

一八九六年生的巴西人瑞瓦倫婷（Maria Gomes Valentim）老阿嬤，現年已一一四歲，仍然健康如昔，意識清楚，和家人相處互動良好。她的家人中，有些孫子輩不到七十歲就過世，原因是生前「管太多」，以致無法長命百歲，有人問她是如何保養，她的回答很簡單，「別管太多」是她的主要口頭禪。

她現在是金氏紀錄上活著的人當中最長壽者，日常生活中她足不出戶，在巴西的小城裡一待就數十年，可見她不是一位好動的人，每天她必喝咖啡、紅酒，至於食物她什麼都吃，別無挑剔，唯一不沾的就是香菸，她告訴人們抽香菸一定會短命，因此從不吸菸，心情保持樂觀，不碰艱難的事物，也就是別想太多，心情放鬆，行事自在是她的風格。

一般人為追求所謂的榮華富貴、功名利祿，拚命追、趕、跑、跳、蹦，傷了腦筋、壞了身體，以致短命而終的不在少數。固然人生長壽不一定幸福，有錢也不一定會快樂，但是若能多一點自在，少一些掙扎，說不定也是一種不錯的選擇。

我的父親王進瑞先生九十二歲過世，他是一個學佛的人，曾留學日本念駒澤大學佛學系，著有《禪宗釋義》等佛書，在台南開元寺擔任佛教書院副院長多年，他的人生觀和母親激進派的思維往往相反，逢事順其自然，不急切躁進，喜歡看書寫字，喝茶聊天，看日本相撲電視節目，晚年由於重聽，也是足不出戶，在家養生度日，看他與世無爭自得其樂，身為子女也樂得看他逍遙自在。家父在高雄聖功醫院過世時，醫生說他沒什麼病，無高血壓、無糖尿病，因急性肺炎器官衰竭而亡，他生前最喜歡講的一句話是「不要計較，平常心就好」，果然和瓦倫婷阿嬤「別管太多」的想法不謀而合。

發表於一〇〇年五月廿一日

19 銀髮族的黃金比例

公元前三三〇〇年，古代埃及的法老王一上台登基，就開始為他死後如何埋葬傷腦筋，經過千挑萬選之後決定以「三角形」的造型造墓，也就是今天所謂的金字塔，底邊寬二五〇公尺，地面到塔尖一五〇公尺，可謂龐然巨大的構造物，依當時無堆高機、牽引機、吊車、直升機的情況下，必須仰賴數萬人力，將一塊近兩噸重的石塊從尼羅河邊搬到墓址，並逐塊堆積到近五十樓高的塔頂，至今仍令人覺得不可思議，如此耗費人力的巨大工程，只是為了成就一位法老死後葬身之用，也令人匪夷所思。

這巨大的構造物留存到今天，埃及人認為是國家最大的資產，也是象徵文明古國美麗與榮耀的功蹟，其所以令人百看不厭、歷久彌新，乃在其造型上具備「黃金比例」的特質，二五〇公尺除以一五〇公尺則得數一．六六六……，正是人類在數千年後文藝復興時期所發現的美的比例一：一．六一八，兩者頗為接近，這和公元一千四百多年米勒所刻造的二．一公尺高的維納斯像如出一轍，全身充斥著黃金比例，無論前看、後看、側觀都散發女性美的優雅氣質，後人遂把維納斯像視為美的圭臬，至今不衰。

黃金比例除了在視覺上能讓人賞心悅目以外，也可以運用到人們生活哲學上，譬如穿著上半身維持一，下半身維持一．六就會美，運用體力的工作、用餐、打高爾夫球等皆然，皆需要動到黃金比例的思維，有十分的胃納，吃到六．一八分最適當；打球也是，有十分的力道，出力也是到六．一八分的力則最佳，運動、工作等等，皆可運用此原理，以免過度而造成傷害。

在世界上利用黃金比例造型成就的物件何其多，羅浮宮前貝聿銘的作品；美國紐約時報廣場、LV 皮包、圓山大飯店、可口可樂的包裝，都是黃金比例的受益者。

銀髮朋友們請認識運用黃金比例的好處，讓生活品味增加、美感加倍、行事優雅，何樂不為。

發表於一〇〇年七月十八日

20 銀髮族需要音樂調劑

記得義大利男高音界的巨星帕華洛帝來台演唱，當時曲目中安排了和江蕙合唱台灣民謠《雨夜花》，令聽者無不動容，其高亢歌聲、優雅轉音，和江蕙的婉柔，激盪出令人陶醉的音樂，使人印象深刻。

自古以來，上至帝王下至庶民，營造獨樂不如眾樂氛圍，自娛或娛人時皆賴笙歌妙舞、絲竹鈸鼓之音作樂，其所以能提振人心、爽人耳目，乃因音樂有兩種重要元素，其一為旋律，特點是聲音有起有伏、有快有慢，有時緩如溪流，有時若海嘯奔騰，會引動人的思緒，藉著想像獲得共鳴。其二為節奏，特點是如心臟的跳動，在定時定格出現的重音，令人從預期的期待中得到穩定人心的效果。拿破崙的軍隊出征時，最前面走的是整排的鼓手軍隊，藉著鼓音統一步伐以穩定軍心，打仗的軍隊在非洲亦是如此，可見節奏的重要。

有了這兩種元素，音樂才會是音樂，但音樂的種類何其多，有古典樂、交響樂、歌劇、地方戲曲、民謠小調、民族音樂、流行歌曲等，不一而足，然而從坊間卡拉ＯＫ店反應出來的當紅歌曲，大都是流行樂曲居多，一本厚厚的歌本承載著，早從日本昭和時期的《蘇州夜曲》，到政府遷台後膾炙人口的《綠島小夜曲》，流行歌曲《你儂我儂》，校園歌曲《蘭花草》，到日本《熱情的沙漠》，披頭四的英文歌，到高凌風先生《冬天裡的一把火》，還有現在正夯的劉家昌先生的《感動》等，前後跨距約八十年，可唱的歌曲多如牛毛，不乏音樂來作伴。

問題是年紀一大，人會退縮，觀念思維會趨向消極，在體弱力衰的狀況下，行動力減低，人體的氣血循環則逐步減緩，終致免疫力下降而病變叢生，唯一能避免的方法，不外乎均衡飲食，吸收微量元素和運動流汗排毒或唱歌紓氣，丹田呼吸，振動橫隔膜，往下既可促進腸胃蠕動，往上則可提振心肺功能，增加有氧的吸收，每天早上一方面深呼吸，一方面練習長音，放開喉嚨，把上顎提升，則還會有共鳴的聲音出現，美國歌王卡羅素（Enrico Caruso），其共鳴的聲音可以讓一旁的玻璃杯產生共振，有了共鳴的聲音，其音好聽、悅耳，其歌聲可穿透人心。

總之，歌唱或吹奏樂器對銀髮人來說，不但是好的心靈調劑，也是最佳養生之道。

發表於一〇〇年七月廿五日

21 寶貝萬歲

民國五十八年三月，大同工學院五專部工設科四年級的學生們為我舉辦「歡送王老師赴日深造」的晚會，席間來了愛樂合唱團團員石牌國小的張老師，另一位是她的友人蔡景秀老師，十九歲剛從師專畢業，擔任實習老師，眼睛大大、臉圓圓、個子不高，但看起來很可愛，令人印象深刻。不到一週我就要離開台灣了，從大同工學院總務處領取了赴日的機票，同時也領了二十八萬新台幣準備出國。當日在通化街的宿舍，有人打電話來，特地告訴我有關初次赴日的種種細節，她聲音甜美，仔細告訴我去日本要注意氣候、東京在三月時還很冷、自來水可以直接喝、日幣的匯兌不要在大飯店換等等，口氣好像是導遊一般，對日本知之甚詳，打聽之下才知道，原來她的叔父是東京帝大畢業，是道地的日本通。

為了感謝她的好意，趁最後在台的兩天，約她在西門町的老天祿餐廳見面，那一天是星期六，我因為大同工學院管樂隊最後一次的團練延誤了時間，整整慢了四十分鐘才抵達老天祿，一進門沒看到多少人，也見不著蔡老師的身影，還以為走人了，待轉身回頭時，店員說：「先生你是否找人？」我說：「是。」店員說：「你到最後一排看看是否是那位小姐，她等好久了。」我又轉身探去，果然看到蔡老師趴在桌上似乎睡著了，前面放了沒喝完的半杯橘子水，眼見此景，霎時令我感動莫名。她竟然如此守約，執著的性情中人，這時我脫口而出，「寶貝」對不起，顧不得所謂「交淺不可言深」的道理，就這樣一喊喊到民國一〇〇年，蔡老師就是我現在的老婆大人，這稱呼叫了四十年，在士林扶輪社社員手冊裡，王健 KING 的家眷欄，夫人名字正也寫著 BABY 無誤。

人的美醜往往和時間的「有效期限」相關，可是內在的感受會「停格」甚久，正如在老天祿邂逅的一幕。數天後飛到了東京，當飛機抵達羽田機場的那一刻，我心中感到無比的震撼，深藏在內心深處長達十八年來的夢想終於實現。出了機場拿出一張一萬元日幣的大鈔，叫了計程車，不知車程有多遠，只知直奔上智大學的保健室，太田智惠子藥劑師就在那兒上班，她就是最關心我卻十八年沒見面的母親，見到她已是五十九歲的銀髮人了，記得她問我的第一句話：「結婚了沒？」我說：「還沒。」但我心中已經有「寶貝」。告訴老母，我明年就結婚，請不要掛意。

這就是我為什麼稱蔡秀景老師為「寶貝」的由來。

發表於一〇〇年十月廿三日

22 我的老「寶貝」

蔡老師年紀輕輕才十九歲就急著想嫁人，我說她是寶貝，因為她的確長得像娃娃一樣，令人不由得稱呼「baby」。

我年輕時赴日，一方面要學習大同公司安排的實習功課，二方面還須到離東京四十分鐘路程的造型大學上課，因為實習單位的主管同時也是工業設計系的系主任，皆川正教授安排的日程緊湊又繁忙，回到東中野的宿舍，往往疲累不堪，唯一令人振奮的是來自台灣的航空信，信上的姓名寫著「太田健」，這是我出生的原名，我母親是超級愛國的日僑，她不喜歡我姓「王」。寫信人正是蔡老師，雖然字跡很難看，但句句充滿了關懷之情，如此，一年當中幾乎每週一信，使我感到無比溫馨。在日本偌大天地間，最關心我的人除了母親太田智惠子外，就是她了，在每週的來信中噓寒問暖、句句叮嚀，細心呵護程度不亞於「龜毛」的老母。

很快地，一九七一年在日期間的學程完畢，於該年三月二十二日依依不捨地揮別老母，我依承諾決心回台結婚，經一個月後訂婚，半年後在南京西路金陵餐廳結婚，席訂六桌，在倉促中完成終身大事，一九七一年九月三十日，是月末的最後一天，為了領大同公司的全勤獎，我打完下午五點的下班卡，才到飯店參加婚禮。婚禮很迷你，也很寒酸，但蔡老師不以為意，圓圓的臉蛋被化妝師抹上一層厚厚的粉彩，這也是唯一一次的濃妝，我差一點快認不出來，但洋溢著快樂的表情。依我的認知，其實我倒喜歡她的素顏，真實可愛。

婚後不到一年老大出生，不到兩年老二又出生，我覺得她很會生，兩個小男生連發的結果，不得不逼迫她辭掉吳興國小的教職鐵飯碗，專心照顧兩個小寶貝。對一個剛滿二十二歲的女性來說，這情況可謂青天霹靂，既無經驗又不知章法，為了打理家事、孩子的事，常常弄得灰頭土臉加筋疲力盡，這時我想到我母親連生四個小孩的結果，由於是戰時，母子都營養不足，身體的調理受到很大影響，不到退休之年就已白髮蒼蒼、滿臉皺紋，儼如老婦。

為了不辜負蔡老師的美麗，我決定要讓她保持初會時的清純，「維持她的可愛」，儘量不讓她太操勞。

四十年過去，孩子都大了，也結婚生了孫子，蔡「寶貝」至今仍不太會做家事，她喜歡養生、看戲劇、聽歌，又愛漂亮，走過大半人生的歷程，最近開始學打高爾夫球，初至長庚球場時，桿弟對蔡老師說妳「父親」的球桿已放在車上了，令人猜不透她的年齡，果然是寶貝。其實她是正港的阿嬤，年齡永遠是祕密。

發表於一〇〇年十月廿八日

II
建構無憂的老後

23 以國家級的大思維，為長期照護建言

老人的生命是脆弱的，記得二〇一一年日本三一一海嘯、地震、輻射三合一大災難發生時，數十萬災民被迫搬離家園，躲在各個災區公立的學校禮堂裡，密集地窩在既無電又無瓦斯的空間，在氣溫零下一度的嚴寒下，頗多老年人紛紛病倒甚至死亡，據統計，一週內死亡人數達二十二人之多。其餘的人連續吃了冰冷的乾糧、礦泉水、飯糰後，幾天後來自台灣的慈濟人帶著熱騰騰的熟食供應他們，他們一邊熱淚盈眶地用餐、一邊喊著「謝謝台灣」，可見人在困窘之時，不但

身體虛弱，心靈也很脆弱。

老人不只是一家之寶，更是社會國家的支柱，沒有了這些老人，哪來社稷國家的延續，重視並照顧老人是每個國民、社會、政府不可逃避，也是當仁不讓的責任。

老化無可避免，也不是罪過，民視記者曾經訪問北韓，記得當時該國觀光旅遊局局長趙成奎誇言：北朝鮮不可能有乞丐的，全民不分老少，食、住起碼有國家供應，人不分大小、貴賤，每人每天有七百公克的米糧配給，也一定不可能會有人民住無居所云云。不管信其真或假，起碼他一再強調國家存在的目的，一是國家尊嚴，二是民族自信心，三是吃飽、穿好、玩好等等。在這裡我想到「自尊心」三個字，給我很大的啟示，想想新聞曾報導環保局用灑水頭噴灑龍山寺地下街的地板，讓遊民們在寒冷的冬天無處藏身，他們一邊被趕、一邊詛咒政府無情，半數以上都是老年人，他們貧病交加、沒有職業、沒盤纏，更沒有「尊嚴」，可謂是等死的「走肉」。

記得二〇〇七年起，行政院制定了我國長期照護十年計畫，到二〇一二年將邁入第五年，而其中最重要的法令有二，一為「長期照護服務法」，二為「長期照護保險法」，至今已快五年了，相關照顧法令一項都還未建立，遑論有關照護人才培育資金財源、組織架構體系制度、照護的評鑑、人才資格審訂、保險費之負擔、實施範圍之界定、照護品質之分級及「永續滾動的機制」等，皆需即刻進行，研討並完成立法。

有鑑於日本六任首相換黨換人前後十年，到今日民主黨之野田首相，仍舊搞不定「老人年金」、「國民年金」，及福利厚生所涵蓋長期照護的全盤計畫，到現在原本擔任財政大臣的野田首相，不得不承認財源是一項重大的挑戰，看看日本，想想台灣，要照顧老人不如想像中的簡單，需從長計議，以國家級的大思維，即刻決定並行動才行。

發表於一〇〇年十二月三十日

24 銀髮公寓

近日由房仲業提出有關銀髮公寓的議題，以呼應日益增加銀髮人口的需要，此項議題的確很重要，但有點遲。早在一九八九年，名古屋市舉辦世界設計博覽會之時，眼見該市老年人越來越多的現況，遂把設計議題訂為「友善城市」來規劃，針對銀髮族居住的生活空間用設計之力來加以改善，在環境方面，尤其在垂直動線上的改善特別著力，由低而高的交通要衝皆以電動扶梯連結，並廣設腳踏車道及接駁用之停車場，同時改善交通號誌之「明視效果」，增設手控延遲裝置及導盲設施，總共花費一百五十億日幣，使全市變成一個具無障礙空間的「友善都市」。

台灣人口高齡化顯著，但關於都市「友善化」的規劃，至今跟不上趨勢的變化。以自行車道為例，無法全市貫連以及接駁用之停車場至今缺乏，且人行道之權威性也還未建立，跨越大馬路供老人使用的延遲信號手控裝置未見普設，譬如要赴國泰醫院之年老病人，跨越百米寬的仁愛路，有時須分兩段時間才能通過，凡此種種，我國都市友善化之程度尚待加強；至於住的方面，據報目前國內五樓以下公寓超過一百一十萬戶，約占住宅總量的十七％左右，其中在台北市就占三十九萬戶，屋齡超過二十六年以上者占五十七％，這些住宅在興建當時，大都未考慮無障礙環境規劃，無論出入口、上下垂直動線，及室內衛浴、廚房之設計，種種障礙影響老人們生活甚鉅。由於此現象的普及，才有興建銀髮住宅提議產生，依照台北市都發局的推估，將來新式銀髮住宅及以修繕方式改良住家，使成無障礙空間的新興行業，必成未來產業界的明日之星，其金額預估有上兆之多。

台北市長郝龍斌在日前宣稱要投入五千萬改造五十間現有的國宅，並將全面採用通用化設計，以因應未來的需要，需仔細考慮其可行性，要把一棟沒有電梯的五層公寓，用裝潢方式改變成電梯公寓，依電梯業的報告，有時往往有不可行之處，如一樓的住戶不需電梯，因而不提供經費或場地就無計可施，加上適法性的問題也待商榷。

為釜底抽薪之計，政府有照顧老人之責，使居住環境友善化是天經地義的使命，應從立法、修法、整編預算做起，改善國內老人的居住環境刻不容緩的。

發表於一〇〇年八月廿九日

25 面對少子化，銀髮族要積極

日本六十五歲以上的老人占人口二十三．二％，平均四．三人之中就有一個老人，是世界上最典型的老人大國，且老人數量還一直在增加中。另一方面，至二〇一一年四月，未滿十五歲的孩子總數比二〇一〇年少了九萬人，連續三十七年遞減到只占人口的十三．二％，在人口四千萬以上的二十六個國家當中，比倒數第二名的德國十三．五％還低〇．三％，這種現象顯示出人口結構均衡已大大的失控，造成的影響將無比巨大。

日本政府雖然立法設有未滿三歲的孩子，每個月有二萬六千日圓的津貼補助，但一般的婦女基於經濟條件必須要「共稼」，也就是夫妻都要出去工作，擔心撫育及教育的問題而不願多生，加上有三十九%左右婦女晚婚或不婚，使問題雪上加霜，少子化現象到目前無法逆轉。

在日本漁村與農村普遍可看到打漁、務農都是年邁老人，鮮少看見年輕人；多學校找不到學生，甚至今年四月在偌大禮堂裡只有一個畢業生，校長面對單獨一個學生和一排老師們，照樣行禮如儀，此景令人無比感傷與落寞。嚴重的還有乾脆廢校或併校，這種「年輕人不見了」的現象，在全日本到處都可看到，從便利商店大夜班值班者大都是退休老人可見一斑。子孫滿堂、含飴弄孫情形在目前已很少出現，看來老人將更形寂寞，乏人照料的窘境下只能自求多福。

希望我國在還沒進入二字頭高齡化時期，能早期防範上述現象，提高生育率，從速制定幼兒福祉相關法令，讓父母們勇於生育、樂於扶養，並對老人長期照護、福利制度加以改善。

銀髮朋友們本身必須體認，少子化現象暫時無可避免，需及早做好心理準備，縱然老後難免有孤獨與寂寞的陰影，積極地打開心胸、面向陽光、走出閉塞、參加社團、擁抱人群，並相互關懷、相互協助，照樣可以快樂地生活。

發表於一〇〇年六月三日

26 獨居哲學

人生最後終需謝幕，最後都是一個人要面對，自出生以後，成長、成熟、為人子女，接著為人父、為人母，隨著時間的過往，每個階段都充滿責任，必須付出、再付出，從子女的養育開始：就學、升學、就業、成婚、生育，為人父母者無不形影不離、隨侍在側，認為這是天經地義的事，人人認為這些作為是上天注定本該如此，若父母身強力壯、事業有成並行有餘力，則順理成章無可非議，然而問題在後頭，為人父母者在年邁之後，問題就會逐漸浮現出來。

一旦兩老中有人先走，經常會由子女邀來同住，除非一開始就三代同堂，否則最好善意地「拒絕」，根據東京大學人文社會系教授上野千鶴子的研究，老後搬來和子女同住的滿意度，遠低於獨居在老窩的滿意度。此項研究有幾個面向，第一：新住家的主人已非自己，往往媳婦是主人，要適應「新家」的生活慣性，老人一時無法調整；第二：無端增加子女的負擔；第三：情緒上難免有強顏歡笑的尷尬；第四：如果有病在身，子女無法全程照護，最後可能送往療養院，或老人收容所。

獨居不一定不快樂，也不一定會寂寞，原則上要保持身體的自立能力，學習百歲畫家小柴千枝子，不失為一個辦法，她老人家獨自生活、自己做飯，學做養生餐，天天吃魚、吃蒜、吃麥、蔬菜養生，每天天不拿枴杖走三公里，打理雜事後入浴休息，下午畫畫兩小時，天天不間斷，已在東京都開過兩次個人畫展，是屬於專業畫家；她還有文學上、音樂上的嗜好，可謂是「日理萬機」，不覺寂寞的存在。

獨居的好處是隨心所欲，要動要靜悉聽尊便，交個可以分享、關懷的老友，互通有無，照樣可以很快樂，如果想熱鬧就參加銀髮協會吧！

發表於一〇〇年四月十九日

27 小心「無常」找上門

面對最近北極圈由於「淺碟效應」，冰風暴從北大西洋宣洩下來，造成歐亞大陸被覆蓋在冰天雪地當中，影響所及，莫斯科氣候降到零下五十度，烏克蘭零下三十三度，因此烏克蘭全國從托兒所到大學一律休課，其他冰河順著地球自轉綿延到捷克、波蘭、土耳其，甚至中國東北低溫達零下二十度、首爾零下十七度、日本新瀉及山形縣低到零下二十度左右，可謂罕見的天災，連在北海道都可看到北極光，委實令人不敢置信，專家說這是地球將邁入「小冰河」時期的前兆。

日本新瀉縣、山形縣及東北地區，往年被稱為「雪國」，冬天景色甚為美麗，其房屋在皚皚白雪的襯托下，有若聖誕卡中的雪屋，浪漫又有情調，可是最近一陣子拜地球冰風暴之賜，迫使這些房屋披上一層深達半公尺以上的厚雪，使得家家戶戶不得不各自清理屋頂上的堆雪，以免壓垮房屋。但由於此地偏離都會，留在老屋內大都是年邁的老人，他們不得不冒著危險，獨自拿著手剷爬到屋頂剷雪。加茂老先生八十七歲了，也不顧身手僵硬在屋頂上「工作」，濕滑的冰雪讓他一下子無法平衡，直接從六．五公尺高之處摔落地面，不省人事，加上氣溫太低又缺乏人手搶救，最後失溫而死。自二〇一一年十一月以來至二〇一二年二月初，已近五十六人死於摔落、失溫或凍死，其中八成皆是老人。

日前在山形縣新日町，有人在泡溫泉時突然發生嚴重的雪崩，五百噸左右小雪山塌落，逃生不及的兩老者被活埋致死。這一切悲劇發生都有一些共通點，就是「無常」，無常之發生是沒有預警，是突如其來、措手不及的，再者，這些老年者在發生危險時的身體狀況和應變能力，跟能不能脫險有非常大的關係。也許視力或聽力及行動反射能力不足，而無法即時因應危險的發生。為杜絕這種慘況一再重演，政府呼籲凡事在行動中處於孤立者，最好呼朋引伴、相互支援才是上策。山形縣政府已下令招募縣轄內公立高中，組織志工大隊，從事各災區的救難工作，以替代役減免四月份開學時的學費，目前已有二八〇人投入協助屋頂剷雪、疏通雪路，並進行為行動不便的居家老人送飲、送食，及問候關懷的服務工作。

少子化現象，在交通不便的偏遠鄉村地帶非常明顯，欠缺急難救助的人口與機制，尤其在多山又地震頻繁的東北，大部分都是老人們在留守，卻處在氣候異常多變、多災之地，從核災中搬遷而來的簡便屋，在此冰風暴中大部分被摧殘得相當嚴重，總之，依其脆弱自立能力，絕對有全國民眾加以熱力支援的必要。

想想日本、烏克蘭、泰國的窘狀，何時會輪到台灣，新任的政府必須儘速綢繆未來，保持國土規劃的安全性，尤其是行政院起碼應劍及履及，將四十七條尚未整修的河川儘快疏通，不要使小林村慘案再度發生。

發表於一〇一年二月五日

28 獨居老人的救急照護

根據美國醫學研究機構研究，單身或獨居的人平均壽命短少七年了，原因是單身者生活容易因隨性的結果，造成不規律的生活型態，影響身心健康。尤其在睡眠上經常遲睡、晚睡、熬夜造成生理時鐘的混亂。飲食上經常會不定時或依賴外食、零食、偏食而致營養攝取不均，甚至吃進太多防腐劑、色素、人工添加物等毒素，日積月累而影響器官健康；再者，食量管控常會依好惡、不顧因果地失控也容易導致肥胖，造成高血壓、糖尿病或心臟血管之疾病。

人生活在世上最怕的是無常的變化，無人能預測明天或未來，必須步步謹慎，掌握生命的過程，正如醫學博士郭金塔先生以九十七歲高齡在扶輪社例會上，大聲疾呼每個人要活好「今天」，好好準備「明天」，言下之意要大家戒慎恐懼，準備應付無常的「明天」。

一代巨星鄧麗君小姐，小姑獨處，由於她有長年氣喘的病史，當深夜氣喘發作時，身旁無人能加以照護，病死在清邁的旅館，造成很大的遺憾，國人莫不惋惜萬千。中國國民黨中常委廖風德先生，在登山途中心肌梗塞發作，雖然隨從即刻送其下山就醫，然而至醫院途中由於山路費時而在途中過世。這些現象都告訴我們，人隨時會有無常的現象發生，若果無法在有限的時間解救，經常會發生無可挽回的憾事。

日本東村山老人院全院分為夫妻房、照護房、獨居房，而所謂的獨居房並非真正的獨居，而是兩位單身老人在一間房中隔成兩單位，表面上是獨居房其實隔二．五公尺外另有人住，院方還叮嚀老人們平常要互通有無，相互關照，若有活動也兩人一組可以相互寒暄，合作共事，總之不讓老人們有孤獨無助的感覺，這是院方的政策。

為了生命的延續，過正常、正規的生活是很必要的，若果因喪偶或失婚、不婚造成非獨處不可時，別忘了必須安排隨時有人可以就近照應的環境，也許是你的長輩、親人或晚輩、至友、死黨都可以，左右鄰居的聯絡系統，呼救裝置都必須列入考慮，要獨居就要做好面對無常的準備，尤其年齡漸大，其迫切性更值得注意。

發表於一○○年四月九日

29 銀髮族與醫療犬

根據日本厚生省調查，日本三一一東北大震災發生一年多以來，當中受災嚴重的三縣有許多無家可歸老人，暫時棲居在政府安排的臨時屋中，或多或少都有心理上的障礙。這些老人大部分是六十歲以上的銀髮長者，急需心理諮商與長期照護醫療人員介入。然而日本目前心理醫師極度缺乏，約只占醫師總數二%，且大都集中在大都會。而在偏遠的東北，醫生人數實在少得可憐，不足以應付大量老人受創後的各種心理問題及精神變異狀態。

自二〇一一年三月十一日至四月十一日，一個月中死亡人數達一三一五四人，六十歲以上死者計有七二四一人，占六十五．二％，從數字來看，老人顯得極其脆弱，其中不乏因孤獨而呈現精神耗弱或憂鬱現象，甚至自殺的人。

基於上述情況，公益社團法人日本動物病院福祉協會（Japan Animal Hospital Association, JAHA）推動受訓醫療犬參訪高齡者設施及臨時住宅，希望藉由動物的溫順乖巧讓老人們感到安慰而忘憂。這類活動日本人稱之為CAPP（Companion Animal Partnership Program），早從昭和六十一年（一九八六）就已經開始，至今已有一萬次以上訪問紀錄，有九萬甚至更多的人因此改善了心理狀態及撫平創痛。

日本全國救援協會除了積極訓練救難犬外，同時也訓練醫療寵物犬及導盲犬，以訓練有素的動物調和孤獨、生活無依、眼盲者的情緒或協助其行動。救援協會至今已派遣超過二千人次到災區服務。

另外，從樹立在澀谷車站前「忠犬八公」的銅像，可以看出日本人對狗的情感。「八公」為迎接上班的主人回家，每天到送行的澀谷站等待，即使主人突然猝死，依舊如故，直到最後死去。因狗有靈性、聰明、忠貞且善解人意，多少可歌可泣的靈犬救主、護主的故事不乏聽聞。

在人手不足的社會裡，藉動物的靈性與忠貞來幫助操持農事、運輸、導盲、緝毒、偵搜、救難、守衛等活動，不啻是人類莫大的福氣。只要肯善待牠們，給予足夠的營養、注重衛生、合理的環境，加以適當的教導與訓練，老人們在孤獨、甚至憂傷時，牠們將會是最佳陪伴者，起碼牠們不聒噪也很實際。

發表於一〇一年四月五日

30「低溫」殺手

二〇一一年，自三一一大地震災區撤退至日本東北地區公設避難所的災民，棲居在各地的收容所，共二一九五處，災難發生一週後人數總計達二十八萬五百人，地域廣達五百公里，由於幅員廣大加上道路橋梁寸斷，自南邊及西日本發動救援行動處處受阻，造成救援物資送達困難，尤其汽油、燈油、水、糧食、藥品的供應，捉襟見肘。影響最大的是銀髮族群，他們在近零度的環境下，睡在體育中心的地板上，三人共蓋一條毛毯，沒暖氣、一天只吃一餐，又無充分的水分補充，紛紛出現「低溫症」的現象，一週以來已有二十五人陸續死亡。

根據當地雙葉醫院報告，二十五名死者當中一半為八十歲以上之長者，其原因是在低溫環境下，身體保溫不足，抵抗力大幅下降，催化了原來身上的病痛，尤其是心血管方面之疾患。據報導，因藥品補給甚為缺乏，引發了嚴重的惡果，厚生勞動省七天來還未掌握精確的患者統計數字，對分散各地醫療團隊所處理的病人、病歷，派遣的醫生及設施種類完全無法正確的掌握，致使病人無法受到完整的診療，相繼死亡。

所謂「低溫症」是因身體保溫不足引發體力、抵抗力下降，使本身已有病在身的患者，加速其惡化的現象。

NHK電視台在每天早上除指導運動體操之外，並開闢一新的節目，聘請醫學專家向全國放送「身體保溫法」，示範正確的保溫方法，強調頭、頸及四肢保溫最為重要，應使用全罩式之帽子、圍巾、毛巾、口罩，多穿內衣，戴手套、毛襪，穿戴必須把衣服塞進褲襠，袖口也必須塞進手套，褲管塞進毛襪等幾項基本動作，經「熱量偵測儀」的測試，透過上述方法可以讓體溫減少發散十到十五％，配合吸收適當水分及適當運動，可以提升身體抵抗力。由於在避難所內擠滿眾多災民，還必須注意疾病感染，人人最好戴上口罩以避免飛沫傳布。總之，為因應惡劣的環境，尤其在水淹過的土地上，細菌的傳布深具威脅，保持體溫、體力，喚起自身先天的免疫力是求生的不二法門，銀髮的朋友們更需注意。

發表於一〇〇年三月十八日

31 未雨綢繆話裝潢

在關渡橋邊住著一位六十五歲的外科醫生，數年前買下地上四層、地下一層的獨棟別墅型住家，由於是舊識，請我為他即將裝修的房子把脈，在談論之間發現醫生對環境的選擇，到居家裝潢的各類細節頗為精通，最為稱道的是他對人生未來將發生的種種現象懂得未雨綢繆，諸如他要做一部室內電梯，從地下室直通到四樓，但他說並非現在要用，除偶爾使用外，原則上是為安全考量，目的是希望七十五歲以後不要爬樓梯。

此部特製電梯幾經數家電梯廠商議價，由於是特別規格，以油壓方式升降，售價不斐，但他依然堅持所見。除此，他也特別注意「回風」的設計，堅持無論如何天熱天寒，在緊閉門窗之餘，一定得維持少部分的空氣可以對流，希望空氣不因門窗緊閉之後，使空氣停滯而造成細菌滋生的現象，正如一般人常說房間久不住人就會有「鬼」，容易遭遇不測之疾，其實「鬼」即是細菌，空氣一旦不流通，空氣中的細菌會以立方的速度繁殖，醫生的見解和我們的想法不謀而合。

根據日本厚生省的統計，老年人在居家安全方面，猝死率最高者為心血管疾病帶來的心肌梗塞及腦中風，其次是摔跤，尤其發生在浴室的意外事件竟然在死亡案例中占三十八%，比例之高，令人驚訝，因此醫生在浴室內裝設了無障礙設計常用的扶桿，以避免從浴缸中起身的危險；除了鋪設防滑墊之外，還在淋浴間中設置上下兩段的沖浴設備，正如醫院中供病人使用的設備一般，雖然他還身手自如，行動無礙，然而他的用心令人欽佩；他還在浴室內裝設了「毛巾加熱器」及「瞬間紅外線溫風裝置」，馬桶則以恆溫攝氏三十六度的「免治馬桶」保持常溫，以免人體在乍冷乍熱之下引起意外的發生，而牆上也裝了緊急呼救鈴，以免不測。

從事設計工作三十餘年來，首見業主如此用心，處處以未雨綢繆的思維來經營生活空間，也體會到我國高齡化日趨嚴重的情形之下，若每一位老者皆能像王醫生一樣，以預防的做法，防範未來無常的發生，除了將減少社會資源的浪費外，見賢思齊之餘，也會讓銀髮人過著平安健康的生活。

發表於一〇〇年二月廿七日

32 跌跤驚魂記

經三天在墾丁渡假之旅，欲打道回府時，乘坐九月二十九日左營開往台北二一〇班高鐵直達車，我帶著全家七人，擬前往第五車廂，於是在電扶梯上一邊注意看車廂號碼是左是右之時，突然行李箱因傾斜被卡在梯板的溝縫中，霎時我用力一拉，不料一時重心不穩，當場摔在地上人仰馬翻，綁在行李袋上的一盒購自車城的芒果散落一地，場面頗為尷尬，此時身邊來了兩位年輕旅客把我扶起，還一邊關心我的狀況是否需請站務醫療人員幫忙，我謝了他們的好意說「我沒事」

之後，全家包括老婆、媳婦、兒子帶著兩個孫兒圍了上來，問長問短關切到了極點。我感到幸運的是，這種走路摔跤的事對我來說已是家常便飯，在大家簇擁之下上了五號車廂。他們都知道我已七十二歲了，擔心的是以後年紀越大，跌跤的情況是否會經常發生，紛紛討論是否要準備購買枴杖云云。

三點三十分車子開了，不到五分鐘，車上服務人員拿了一盒類似醫務箱的盒子來到跟前，問我需不需要包紮。我說沒破皮，沒大礙，小姐走回去不久，又來了車長，要我留下姓名、電話、年齡，他說旅客發生狀況，他有義務要提出報告，態度親切令我印象深刻，這和日本新幹線的服務方式有異曲同工之處。我認為高鐵沒有錯，錯是在我。明明高鐵的第六車廂處即有老者、身障人士專用的電梯，就在敬老車廂旁（第五車），我卻不服老，偏偏要走電扶梯，反而是兒子媳婦推著嬰兒車利用了電梯，很明顯是我不對。

依日本厚生省的統計，老人意外死亡的案例中，跌跤的比例甚高，尤其在家中的浴室、樓梯間等處更為明顯。根據二〇一〇年台灣國家科學委員會國際合作處在中華經濟研究院舉辦的「台日高齡化社會研討會」中，台大醫學院家醫科醫師暨台灣老年學醫學會理事長陳慶餘教授指出，老年人有很多症狀會讓人「失能」，「諸如多重器官衰退」、「失智」、「貧血」、「藥物」、「平衡障礙」、「腿部肌肉萎縮」等等原因，就會造成失能導致容易跌跤，重則造成骨折、休克、腦震盪或死亡。

我早年從事足球運動約二十年，在球場上一場球打下來，為搶球互撞、射門經常會失衡而倒下，現在撩起褲管數數遺留的疤痕不下二十處，但之前的跌倒是來自「必然」，而今日在月台上的跌倒卻是來自「偶然」，這類不經神經控制而發生的跌倒可謂是「無常」的現象，我慶幸在人多的地方發生，由此經驗建議銀髮人身邊隨時要有人做伴，或和老伴一起行動最好。

發表於一〇〇年十月一日

33 水火無情

一九二三年九月一日，東京發生大地震，死傷近二十萬人，大眾由於屋倒路斷逃生無所，死傷者大部分是被四處起火的濃煙嗆死、燒死，被壓死反而是少數，比此次的八．九三級巨震造成的死亡人數多數倍，據NHK電視台於震後四十八小時內的統計，死傷者最多的為東北四縣：宮城、岩手、青森、福島，包括關東北區六縣，死亡一千六百人，行蹤不明者約一萬人，最可怕的是死於三波六到十公尺高的海嘯者居多，由於事發突然，人們無法抵擋排山倒海而來的海嘯，它以每秒二十一公尺的速度從海邊跨過防波堤，直衝陸地而來，中間夾雜著船舶、汽車，甚至房屋，吞噬一大片建物、農田，直奔內地四公里，人們在逃生不及之下被水淹死，在岩手和宮城近濱海處即有六百多人因此喪命，由於多年來日本著重防震教育及建築防震構造，可推算此次地震因屋垮壓人之情形不多，比一九二三年明治時期的防震功能改善太多。地震雖可怕，但真正壓死人，由事實看來，其害不多，多是由於「火」與「水」的因素造成死因才是元凶。

根據岩手縣消防局的報告，此次被海嘯溺死者大多為六十五歲以上之老人；原因是早在海嘯來臨前，消防局即以廣播吩咐大眾撤離到高處或高台，但由於時間倉促，行動遲緩之老人們或有病在身的患者們皆無法倖免於難，事後記者們發現岩手縣消防局三樓的牆上竟留著被海水淹過的痕跡，可見情況有多嚴苛。另外，在寒冷的東北四縣由於核能停爐，缺水缺電之下老百姓只能燒炭取暖，一對七十三歲的夫妻在家燒炭取暖，隔夜雙雙死於爐邊，據警視廳報導，夫妻感情甚篤，不可能尋短，檢查四周後才發現門窗緊閉的屋內，一氧化碳濃度超高，才知死因。地震帶來的災難何其多，平常必須注意這無常的世界與逃生的路徑，的確「水」、「火」無情，尤堪注意。

發表於一〇〇年三月十四日

34
戒菸頌

繼二〇一一年二月初美國紐約市長彭博（Michael Bloomberg）宣布中央公園周邊全區為禁菸區，二月八日白宮宣布歐巴馬總統幾經奮鬥之後已戒菸成功，理由是為了他兩個寶貝女兒，他發表感言時說道：「我回到家後可大聲說出，我不抽菸了。」夫人蜜雪兒對《紐約時報》記者表示，她覺得很驕傲。身為總統的歐巴馬之所以會戒菸，其理由之一，一定是不快樂，每每抽菸就聽到家裡三個女人嘀咕不止，身為一家之主當然尊嚴掃地，不戒都不行。

說到菸槍的「尊嚴」，二〇一〇年扶輪社世界年會在伯明罕捷運站的大型展覽場開會，我曾親眼看到在休息時間各國代表於走廊吞雲吐霧之際，被一位身穿警衛制服的巡場人員大聲喝斥，當場驅離；我也見過世界上對菸槍們最刻薄的仁川機場吸菸室，約不到十坪之地擠了十幾個人，眼見個個瞇著眼睛猛力在吸菸，室內煙霧之大，也許會令人受不了；回到國內，在國賓飯店二樓，也看見很多愛吸菸的日本客人擠在透明吸菸室內吸菸，室內是木製長椅毫無舒適可言，著實令人覺得高貴不起來。吸菸之害罄竹難書，但根據日本三菱綜合研究室的報告，日本男人戰後最高峰時近四十三%有吸菸經驗，但根據最近的報告已降至二十一%左右，最大的改變是日本從事精密工業、食品、科技工廠，近來採取吸菸者不聘任的作法，目的是避免室內空氣汙染，及二手菸害影響不吸菸者的健康，除此更數度調高菸稅，也是令吸菸者減少的原因之一。我國目前禁菸還在宣達的階段，到處可看到禁菸標誌，違者罰萬元的告示，但行至目前未曾正式報導過因抽菸被罰萬元的新聞，倒是行政院衛生署公布女性肺癌人數直逼男性的報告，令人怵目驚心，原來台灣女性受到雙重的危害：一為家庭的油煙，二為二手菸，受害之大令人同情。

台灣銀髮族協會歷來聘請各醫師來會演講，無論心臟科、內科、肝腎科、泌尿科、保健科等，醫生共同的提議都是以戒菸為首要，菸戒了，才會有尊嚴與快樂。

發表於一〇〇年二月十四日
廿三日更新

III

借鏡老人大國

35 世界第一的老人哲學

前幾天為了收集資料特走一趟東京、大阪和京都，首日到東京坐早班的華航，在下午約一點抵達羽田，從羽田機場一出來，我就想像自己是一身體不自由的殘障人士，特別來參觀日本是如何對待老人，這是我此行最大的目的之一。台灣將在二〇一四年向世界設計聯盟申請台北市為世界「設計之都」，有關都市的規劃乃其中評量之重點，其意義是城市的「垂直動線」和「水平動線」是否足夠「友善」。我坐上了在一九六四年舉行東京奧運所建的單軌電車「MONORAIL」，約二十分鐘抵達濱松町，此一車站是多路交通網的交會點，下車後乘電扶梯至另一月台轉乘環繞著東京市的「山手線」，此電車有外環線與內環線，下車後往右的是去東京，往左的是到新宿，途中經過惠比壽站，不遠處是中國大使館的舊館，在大使館的左斜前方二百公尺處有我老母的骨灰，安座在一所寺院「傳燈院」中，每次赴日必須參拜，是例行公事。

也許是大使館特區，其街道乾淨無比，道路兩旁看不見有人停車，也看不到一部摩托車，倒是綠樹林立，樹蔭庇人，規劃之初有其不同凡響的遠見，馬路轉彎處都以整齊的緣石排成一公尺半徑的圓弧，在人行道，入口有特別設計的小顆粒狀突起，乃為防滑之用，和台北忠孝東路只把鋪面做底後，抹上洗石子水泥斜面的做法大異其趣。惠比壽、澀谷、六本木一帶，有諸多安藤忠雄的作品，有名的「表參道」就在附近，安藤建築師之所以有名，乃把各類空間當做有生命的有機體，他注重自然、空氣、陽光和人性的理論，在表參道中呈現得很明白，他鼓勵人要流汗，但不是爬樓梯，而是用緩坡連結各類空間，空間中有綠蔭，有水聲，正如人一樣，建築是生命體，即便是殘障或老人，照樣可用身體感受其空間的靈性。

第二天到了大阪府難波市，最有名的是長達五百公尺的名店街，我停宿在其中的東方飯店，此街的特點是「行人優先」，看不到任何車輛進入，令人驚訝的是每隔一段路設有公設的「吸菸亭」，全屋透明燈光明亮，凡抽菸的人必須在此吸菸，因此馬路上看不到任何菸蒂，他們走路不能吸菸，街道不因行人擁擠而呈現髒亂。在難波市地鐵還有一項令人感動的場景，電車廂裡有八處「優先席」，供銀髮人及婦孺乘坐，有時年輕乘客寧讓座位空著，也站立不坐，感到這個社會對年長人的尊重已成普遍共識，也許他們知道自己以後一樣也會變老。

第三天進入京都市參觀，對該市第一印象是，大部分的人都是老人；行止悠閒、節奏緩慢，整個市區鮮少高樓，大都是古老日式建築，但經歷歲月雖久，卻保持得完整且乾淨，據聞乃因政府每年投入頗多經費維持近乎古蹟的市容。由於京都並非工商型都會，企業較少，是純觀光型的文化、藝術之都，在京都市三不五時可見到美麗的藝妓搭計程車，車窗上貼著「防犯車」字樣，意指遊客受到犯罪或騷擾威脅時，最安全的避難方式是鑽進計程車內，司機會誓死保護乘客安全，這些印象，使我感到在一個趨向老化的社會有諸多潛移默化的暗示，催促著全體國民信守世界第一的「老人哲學」。

發表於一〇〇年十一月十三日

36 白壽社會

人生七十古來稀，而今長壽的社會活到九十歲已不算是新鮮事，日本的老人達百歲人瑞者，正逐年增加。一九六三年，戰後的日本元氣尚未整體恢復，諸多醫療及社福建設正在進行當中。全國人民一億兩千萬人中，能活過百歲者在當時只有一五三人，到一九九三年百歲人口就上升到一萬人以上。

在日本百壽的人稱「白壽」，其意即將「百」字去「一」即為「白」之意。日本人看待生命的長短和國人不太一樣，記得小時候看軍國時代二十歲不到的少年願為國犧牲、視死如歸，家長還認為是無比榮耀。文學家三島由紀夫一九七〇年以諾貝爾文學獎候選人之身，以武士刀結束生命，死諫社會的墮落；京都東本願寺在二〇〇八年來了七、八十位長者，發願上蒼不要讓他們活太久，讓當時擔任首相的小泉純一郎至為尷尬，而迫使厚生勞動省不得不透過國會提案，為過多老人的福祉問題而被迫修法，才有今日所謂的「前」、「後」期老人的區隔出現。

其實每個國家都希望國民長命百歲，也會欣然接受，但對於有些國家的國民卻往往長壽不起來，就以最近喧騰的南北韓來說，雖然同為朝鮮民族，但依報告來看，平均壽命竟然有七歲的差距；遠在非洲的烏干達、衣索比亞等國，據聯合國的統計數字，其壽命與第一名的日本相差達三十餘年之多，平均不到五十歲。這種現象不是願不願意長壽的問題，而是有其必然的因果關係。根據扶輪社的終期目標：消除小兒麻痺及愛滋病。世界上在衛生不佳及保健觀念不普及的地區尚有其病症蔓延，如非洲地區等，要百姓長壽非常地困難，非洲人的短命和愛滋病有莫大的關聯。

台灣人喜歡講「望你活百二」很好，但也有人不想活太久，更有人想長壽卻不可得。但無論如何，生命可貴，已活著的人要慶幸還活著。自古以來說：「活乞丐勝過死皇帝」，保持生命的存在人人有責，同時也可引證國家照顧人民的力度。日本政府在三〇年代闖了大禍，貽害亞洲各國、殺人無數。在終極的醒悟中，每當對著「靖國神社」祭拜之餘，諒已深切地知悉原子彈為何會落在廣島、長崎的原因。因為如此，他們才真正發現生命的可貴，努力從懺悔當中學會尊重生命之必要，寧可健保破產也要照顧人民，才會出現今日有「老人王國」美譽的日本。

如今，在二〇〇三年百歲人瑞超過兩萬人，二〇〇七年超過三萬人，到二〇〇九年已突破四萬人，其中女性三四九五二人，男性五四四七人，人數還在增加當中，其速度可謂世界第一。

發表於一〇〇年十二月廿六日

37 以一當十的老農夫

東方出版社前董事長陳思明先生娶媳婦，新娘來自日本離大阪七十分鐘車程靠海的御坊農村，新郎是甫自美國歸國的博士生，據聞兩位新人的邂逅非常神奇，在七年半前，兩位年輕人在聖地牙哥的語言學校認識後，為了相互示好，男生拚命學日文，女生拚命學普通話，魚雁往返則以英文應對。新娘之所以留學美加，乃是因她很幸運，有一位非常聰明、又開明的農夫父親原吉次先生，才有今日之台日締結良緣形成。

說到日本的農村御坊小鎮，人口三萬三千人，地處偏僻，一邊靠山、一邊靠海，整個區域埋沒在起伏之山林中，屬於陵地。這裡的人口九成務農，原先父親要把農地交給老大，由於他考上醫學院要當醫生，就交給老二吉次承接，當初家裡的農事還有人幫忙，但經過時代遞嬗，一些年輕人都出走家鄉，遠赴大阪謀生，往往花錢也不一定請得到人來幫忙，遂決心自力救濟，一切靠自己解決。面對近四千多坪的山坡地，他的計畫是以日人喜歡的有機農特產品為主，一是哈密瓜，二為三星蔥，三番茄，四柑橘，都屬於高經濟價值的產品。為了完成自己規劃的主體目標，他特別到「農業協進會」學習，同時還學會上網蒐集資料，並學習英文，充實了知識後，接著蓋溫室，裝接灌溉系統、遮陽裝置、採收用棚架，購置施肥機、翻土機、除草機等各類機器，所有的整備工作擬由他一人及妻子兩人來完成，夫妻歲數加起來近一百二十歲，但頭腦清楚、鬥志高昂，每天天未亮，夫妻連袂出動，翻土、種植、灌溉、除草、整枝、施肥，諸種作業親力親為，連吃力的柑橘採收——必須小心剪枝，以免傷害下期農芽之機制，也同樣不假他人之手，收割後還親自開車送到大阪市的果菜合作社，由於品質精良，頗受好評，大獲利市。

原吉次的農耕哲學，有其獨特的思維，他認為在農業地區，由於少子化的現象普遍，要依賴年輕人機率不高，就算有人肯幫忙，但基於作物諸種不同的特性，在採收時需要一些基本技巧，尤其在柑橘剪果的動作上要很精準，否則不良率會大增，二方面由於作物的培育正如培植人一樣，要依賴陽光、空氣、適當的水分和營養（有機肥），及避開天然災害，全面控制這些因素，則生長必趨理想。他對自己、對女兒和作物一視同仁，把作物也當「人」看，用他的智慧、執著，和上進的心態面對一切，讓他與妻子不必領國家的補助，也活得忙碌又自在，令人欽佩。

發表於一〇〇年十一月七日

38 能「忍」哲學

幕府大將德川家康之所以能凌駕天下，就是以「忍」為其行事哲學，至今日本人的家訓當中仍處處可見「忍」字的出現，這種精神上的圭臬流傳到學校、企業，及整個民族性的表現。二〇一一年日本大地震遭受空前的災難，但從各方報導中得知他們在災後的表現，其冷靜、自制與忍性的特質令人驚訝。

他們歷經關東大地震、阪神大地震的巨變，不但沒有震垮他們的信心，反而加速了復興的速度，彰顯了民族性不同凡響的韌性。在

NHK電視台每天中午過後有一兒童節目，主持人和二到三歲的孩子玩在一起，在潛移默化之間讓孩子們接受共同語言即是「行列」，孩子們隨時會被暗示先來後到的「行列」概念，變成大家的習慣，從小受排隊教育的訓練，當然長大後認知到不排隊是反邏輯的行為，而此習慣成為日本人從幼兒到大學到社會的體系裡，根深柢固不可違逆的行事準則。

在澀谷附近的中央快速道路上停滿了寸步難行的各類汽車，綿延數公里，但沒有一部汽車按喇叭，也沒有一部跑路肩投機，在岩手縣加油站排長龍的汽車，規定只能加一千日圓的汽油，直到加油站快沒油了，也無人按喇叭催前面的車快走，在開放免費取物的便利商店，排隊的人進入店內只取自己要用的物品，也不會多拿其他，這種自制的精神令人頗為稱奇，但他們感覺這是理所當然的「道德習慣」。

有人說：「衣食足而知榮辱」，但可貴的是在環境極端惡劣的情境下，身心遭受極大的横逆，他們依然默默地承受下來；依然守秩序排隊領食物，沒有爭吵、沒有騷動，一切表現得平靜而理性，災民們說：「『我只要活著』，別無所求。」

我們再三的思索，為何他們在如此逆境中還能保持令人敬佩的理性表現，其原因出在幼時的教育及社會形塑的氛圍，默默地導正每個人從小到大的行事風格成為「社會的道德習慣」，忍的精神也成為「民族性」的表徵。

發表於一〇〇年三月七日

39 快樂老人在丹麥

世界第一快樂的國度，首推丹麥。丹麥土地四萬三千平方公里，人口只有台灣的四分之一，施行民主社會福利政策，其國家的政策以富國利民為政綱，為使老百姓過無憂的生活，在制度上的設計與眾不同。

國家首重教育，讓人民可以選擇自己志向的職業，從小到老每個人都可以訂定自己的目標，選擇課程只為達到快樂學習的目的，沒有留級、沒有排名，學校建立人人平等的價值觀，幫助學生成為消防隊員、郵差、航空小姐或國會議員，這種人人平等的概念，促成了丹麥在稅收制度上真正造就了貧富差距極小化的境界。他們是世界上稅賦最高的國家之一，平均高達十七%，但由於政府官員清廉，人民相信政府，人人都很樂意納稅給國家，因之人民受教、學習等大都免費。

由於如此，當銀髮老人們退休之後，受到政府的照顧可謂無微不至，先談退休金可以領到最高薪水的六十至八十%，給予專為銀髮人共同生活之安養中心住宅，讓他們寄宿並學習。與台北市衛生局主辦健康服務中心在每個行政區辦完養生課程、運動課程，不久就鳥獸散的情形不同，丹麥非常重視銀髮人，依其專業經驗及知識，重新回歸社會的教育工作，透過丹麥老人協會不間斷地訓練老人重返職場的技能，使每個老人依其志向，可以退而不休地繼續幹活。

為配合銀髮人之水平移動的行動力，全國實施徹底的無障礙設計，老人可以從家裡的客廳坐輪椅到都會中心戲院頂樓看戲，過程沒有任何障礙，全域在都會和鄉間布滿腳踏車專用道，其哩數長過正規之道路。在哥本哈根小美人魚的觀景區，我們會看到該國如何示範照護老人殘弱者的標準設施。

丹麥以智慧立國：不設核能，不讓百姓擔憂有萬一，發展再生能源；不設重工業，保持國土的乾淨，讓人民生活於無毒無汙染的環境當中悠游自在，卻能創造四萬美金的國民所得，他們發展創意產業，從事高科技農牧，並成為全歐洲低碳環保的表率。

台灣銀髮人由於貧富差距過大，政府對老年人照顧力有未逮，杯水車薪式的補助實在讓我們快樂不起來，希望大家團結起來發出心聲，喚醒政府，老人們要快樂。

發表於一〇〇年四月廿七日

40 美國醫療保險改革

歐巴馬政府隨著選舉的逼近，不得不面對金字塔底層庶民的要求，做一番釜底抽薪的改革。一項稱之為 REFORM OF NATIONAL INSURANCE IN USA，針對高齡者公部門醫療保險及低收入戶醫療補助做調整。目前這些人加入民間醫療保險保費過高，費用屬 OECD 盟國中最貴，是日本的二．七倍。四千六百萬人因繳不起費用成了無保險者，占總人口十五％。

美政府察覺到嚴重性，自二〇一〇年至二〇一一年連續透過國會運作，希望能加以改善，也成了歐巴馬競選總統連任政見的主軸，準備在十年內投下九千四百億完成改革方案。

醫療改革主要項目：

①所有保險公司不得拒保。

②二十六歲以下無保險者，可被視為扶養親屬，納入雙親保險中。

③可以向保險公司申請預先給付。

④二十五人以下中小企業自二〇一四年後，可從企業負擔中扣除三十五％的保險費。

⑤年所得三萬美元以下家庭，可列醫療補助名單。

⑥年所得在三萬至八萬八千美元家庭，所得三％超過之部分可作扣除額。

⑦對於不參加醫療保險之國民，罰鍰是年所得一％或九十五美元，以金額多者繳付。

⑧五十人以上企業未加入醫療保險者，每一人得處二百美元罰鍰。法案於二〇一〇年三月通過後，迄今已一年有餘，仍舊議論紛紛，莫衷一是。

國家求安定，社會保障（Social Security）是最重要的課題。國民因疾病、高齡、障礙、死亡、失業、照護，面臨需要協助時，政府責無旁貸必須提供相關設施及服務，讓國民安定生活，也是國家存在的意義。

少子化、高齡化、經濟結構兩極化、就業形態不穩定及家族成員生活的多樣化，不是國民個人或家庭所造成，是整個社會在不斷演化中形成，基於此，社會保障尤具意義，但費用卻龐大無比，以日本二〇〇九年社會保障關係費為例，達二十七兆二六八六億日圓，占會計年度支出二十九．五%，負擔顯然很沉重。

日本健保及福利厚生社會保障經費，由於年年過於龐大瀕臨破產邊緣，無論任何政黨執政皆受到強烈之衝擊，去年又遇到超級大災難，可謂雪上加霜。

而我國現行國民年金，截至一〇〇年十二月止，國民年金被保險人共計三七八萬三七三一人。九十七年十月到一〇一年一月，國民年金給付核發總金額計一三〇八億八一三五萬六一一二元。被保險人不到人口之十六．四%，保金也為數甚低，眼看台灣高齡化正在超速演化中，政府宜以日本為殷鑑，及早未雨綢繆，因應未來。

發表於一〇〇年四月廿六日

41 將便利超商納入照護體系

日本 7-ELEVEN 總公司自二〇一一年二月四日起到七月末擬對東京市民增加服務項目，該公司最近提出擬和東日本電信公司 NTT（日本電信電話株氏會社）合作，透過當地的 UR 都市機構之輔導，將在中央區和目黑區兩區為電話末端之「弱勢購物」者（約五百戶人家），提供宅配服務，其提供之「商品」包羅萬象，包括購物、洗衣、清掃、雜役代行及地區性情報的提供服務，採購者只要表明欲訂購的商品項目、服務性質與範圍，次日即可以在家中收到日用雜貨及指定服務，而其計費方式與可行性正在進行研究當中，目前所需費用運費為每次二百日圓左右。這項創舉之所以為實驗性質，乃因服務的效益性還有待研究，如連翻身都有困難的老者，如何打開包裝紙盒，或老邁、視障、聽障者都可能是問題；又如由於日本的便利商店大量使用前期老人外，尚有人手不足及需要為入戶服務者取得證照也是問題，需要更詳細的規劃才能達完善境界，然而其擴大服務的動機與善意令人感動，在少子化的時代也頗合乎時代之需要。研究機構指出該計畫對老人、婦孺及缺乏行動能力者，不光是一項人道性的服務計畫，也必將引領其他行業跟進。

日本 7-ELEVEN 公司自美國傳入之始，即以「Convenience Store」之名立店，意味是「便利商店」，且不分晝夜進行服務，其立義甚為一般市民稱道，至目前為止其業務範圍以來店顧客為主，尚未包涵提供行動不便及無法出門的老、弱、殘、病者服務，於今開拓此項服務計畫，勢必引起老人大國「日本國民」的歡迎，也將影響其他服務業的經營形態質變。

發表於一〇〇年二月八日

42 護老，大家一起來

日本厚生勞動省為使老年人安全、安心過生活，於二〇一〇年四月開始，根據高齡者居住安定法，在都市地區推行低價高齡者專用住宅制度，配合自一九九一年開始實施的「老人訪問看護制度」，確保老年人生活安全無虞。

辦法是以老年人日常生活自理能力（Activities of Daily Living, ADL）為指標區分成各類等級，從可自理生活的程度到「要照護」、「特定照護」等不同層次。

同年四月，在照護保險方面，也把六十五歲以上被稱為第一保險者的疾患，如帕金森氏症、腦血管系疾患、認知症等分門別類，做出明確的照護給付，保險費用大部分由國家支付，自行負擔約占一成。

為降低老化現象對日本經濟造成傷害之可能，日本在經濟方面有「經團聯」（經濟團體聯合會），在銀髮世界有「老健聯」（老人健康聯盟）共同為高齡化人口而努力。他們意識到老年人仍舊有其一定的生產力，起碼「經驗」與「智慧」是可貴的資源。北海道旭川市還成立了銀髮棒球隊，由平均年齡在七十歲上下，曾為職棒好手的成員組成，南征北討頗受好評，證明老年人有其不可忽視的能力，希望在少子化時代作出一定的貢獻。

老健聯是日本民間由銀髮族發起的非營利組織（Non-Profit Organization, NPO），主張老人要維持活力、持續養生、保持身心健康並回饋社會，為此經常提醒老人要自保，譬如老健聯統計，老人猝死家中，三十八％發生在浴室裡。原因很多，其中最常見的是摔跤，也有因溫差過大產生休克或中風，來不及送醫致死。

為此，老健聯在他們居家設計的模範屋中舉出「浴室三寶」概念：

＊恆溫設計：保溫毛巾加熱器、恆溫馬桶、紅外線瞬間溫風機。

＊無障礙設計：起身桿、上下扶手及無段差、止滑設計等。

＊緊急救援裝置。

為維持老人正常生活，老健聯經常扮演暮鼓晨鐘的角色，維護社會及國力不致下墜，而日本政府與民間對銀髮事務合作無間，可謂他國之典範。

發表於一〇〇年四月十一日

43 老老協力中心

日本愛媛縣七十五歲以上的老者有福了，自二〇一一年七月開始，松山市的銀髮人才中心將透過富士網購集團之協助，成立「高齡者購物支援事業中心」，首先把市內居住的七十五歲以上高齡人口做一普查，並登錄六十歲以上青壯老人之可勞動人口，藉著舉辦一週兩次赴高齡者住家訪問，探問其對食品、雜貨或其他方面之需求，並以 iPad 通知富士購物網採購所需商品，達到高齡者足不出戶即可享受由市場到住家，戶對戶的親切服務。

該支援事業中心由於立意良善，愛媛縣自二〇一一年起編列四二五〇萬日圓來補助其活動，起先補助勞動者，一人服務兩位高齡者，俟順手之後再增加為一人服務三至五人，此項事業之目的不但以青壯老人服務高齡者，使其獲得生活上的便利之外，還可透過服務時的接觸、噓寒問暖，達到人情與關懷的意義。由於青壯老人雖只六十歲左右，然而不經數年他們也會變老，遲早也會成為被服務的對象，這種傳承的制度深具世代倫理的崇高意旨。

據富士購物網之通報，為方便所有利用者具備共識，明確地表示每週有兩次之配達，依下訂之日起隔一天會宅配到達。例如星期五叫貨則星期天服務人員會宅配到家。這些服務人員並非一般的「送貨員」，他們除了到高齡者住處協助打開包裹外，還會提醒相關注意事項，並察顏觀色以便了解高齡者其他方面的需要。該支援人才中心面對全縣八萬二千人左右之高齡購物弱勢者，現在正緊鑼密鼓地訓練培養六十歲左右之青壯老人們投入服務的行列，一方面解決了目前最嚴重的老人失業問題，一方面也消弭所謂「無緣社會」＊的人性化思維。富士購物網社長尾崎英雄擬於二〇一一年七月中將向全縣發出問卷，希望徵求更多對服務型態更積極有效的方法，希望能在「服務者」與「被服務者」之間建立更良好的架構，此種新興事業他們命名為：「老老協力」，相信這樣子的服務型態不久在台灣也將會出現。

發表於一〇〇年六月七日

＊指現今日本獨居老人增加的現象，個人與家庭、社會的關係疏離，既無「地緣」，也沒有「血緣」關係。

44 寒冬中的溫暖

東京世谷地區有一人力派遣站，每天早晨五點以後，來自四方應徵臨時派遣工作的人就開始集結，目的是希望有一份工作可以溫飽，這些人大都是失業、待業中的人，由於大環境不景氣，工廠裁員而失業，或退休後無收入，子女又供養不起的老者，甚至有生病需要醫療而必須勉力工作的人。

日本由於長年泡沫經濟之後情況大壞，各都道府縣等自治體由於經費不足，無法全面照顧老人，自二〇〇八年四月起把社福制度與醫療體系改制，將老人區隔為二，凡六十五至七十四的老人稱為「前期老人」，七十五歲後稱為「後期老人」，國家經費補助後者達五十%，而前期老人只補助三十%。因此甚多老人們不得不藉各種途徑來謀生。最常見的是在日本諸多便利商店、停車場、購物中心或遊樂場，尤其是以二十四小時營業之場所都可看見這些老人的蹤影。由於少子化的影響，這些「前期老人」們必須依賴自己還能驅動的身體來自食其力。

依據政府保護老人的法令，不能讓他們一如常人的長時間操勞，大都以短時間居多，故收入有限。在世谷地區的派遣工作大致為營建相關的工作，收入也較高，故競爭激烈。好手好腳者順利得到派遣，體況較差者則常常等不到機會，甚至餓倒路邊，比比皆是，有些人還會萌發自殺的念頭。

這種現象看在當地的扶輪社團體，認為這弱勢無力正常謀生者應該加以扶助，故而成立基金會，設置世谷收容所，由一名有經驗的看護士山中美惠來照顧這些老人，給予安養，並連繫就近之醫療機構加以診療，儼然成為這些貧病老人的守護神。這些情況經報導之後顯現社會畢竟還是有溫暖存在，環境再壞仍舊還有希望，我們需要更多的山中美惠。

發表於一〇〇年一月廿六日

45 高齡者事務所

為了實踐年輕人參與高齡者福祉活動計畫，日本二〇一〇年派遣八名人員赴德國，學習投入高齡社會之服務機制，希望能協助高齡人口重新加入社會，尤其針對非政府機構之民間團體為核心。在德國漢內芙（Hennef）地方政府，委託市民團體組成「漢內芙高齡者事務所」，從事推動服務之工作，該事務所設於一九九八年，以專業志工的組織型態推動所有活動，目前為止由市政府出資基金會，提供各項財源與支出，事務所的所址設在漢內芙市公所建築物內，在其內部設有高齡者專屬「個人電腦」、「外語教室」，並設立方便高齡者間交流之「咖啡廳」，在外部設有交通車供市民和高齡者間互動使用。

在柏林有一團體設立時取名為「柏林社會工作團」，其目的是提供高齡者之間相互交流的機會，大部分從事其服務工作者，由退職後身體健朗具有專業技能的人來擔任，到目前為止服務達二十年以上者不在少數。

這個團體成立不久即受到世界各國關心高齡化組織的注目，紛紛前來訪查，大都為原本在政府單位中從事高齡化社會問題相關業務之人士。二〇〇三年德國聯邦政府出資援助科隆市，建立一處可供老、中、青三代人共同居住的住宅計畫，稱為「世代住宅」（LEDO），目的是讓高齡者減少「孤獨死」之機會，由年少者照顧年長者，從生活面、經濟面、社會面、照護面的各種角度，讓高齡者和家庭一起生活而獲得身心方面的照顧。

此一實驗性構想：政府方面，委聘各類志工、專家，從住宅的布局、庭園造景、遊憩空間、對外交通的無障礙設計等，提供從二歲到七十七歲住民共同生活，又可維持各戶空間之私密性，同時「世代住宅」也提供了學術方面的研究機會，並做為高齡化社會研究者之集會場所，服務老人是一項頗具專業性的工作；其性質在軟、硬體方面，必須要有充分的知識及歷練，且還須有充分的體力，因此德國人不斷在尋找照顧高齡化社會的要領和方法，答案是：從未老的人開始訓練，認識「老化」的定義及帶來的各類現象，從認知到實踐未雨綢繆，如「高齡者事務所」、「世代住宅」的從事者，大部分為「次高齡」之專業精英，他山之石的做法應可供台灣執政者關注，對即將面臨急速老化的台灣社會來設想，甚幸。

發表於一〇〇年十一月廿七日

46 年齡不是問題

一九九八年，日本約六十個老人相關的團體，有鑒於與其各自為政不如團結起來，橫向聯繫彼此的力量，而組成一個全國性的團體稱「高連協」，即「高齡者NGO聯絡協議會」，於二〇〇〇年改組為「高齡社會NGO連攜協議會」迄今。其目的是為高齡者之就業、社會活動、老人人權問題、老人環境問題，以跨越領域的方式，積極協助高齡者參與社會活動、提案建議政府，以改善高齡者的諸多問題。

慶應大學的清家篤教授有感於二〇一四年後日本將成超級老人大

國，屆時近四分之一是老人，呼籲老人們千萬不要成為社會的負擔而應建立新的思維，重新界定人生，推動「生涯現役社會」的概念，以高齡者擁有之特長重新投入社會，以豐富的知識、專業的經驗、育兒的熟稔，積極做出貢獻，如同以往再創人生的價值。

根據二〇〇九年日本內閣府版的「高齡社會白皮書」，六十五歲至六十九歲有就職意願者，男性超過四十％以上，女性超過二十％以上，依總務省的統計，大部分是為了增加收入，尤其是男性較多，目的是為防止老化後的貧困預先儲備糧柴。而高連協即扮演著仲介的角色，即有「SMC」（Silver Manpower Center）之組織成立，在各地市、町、村皆設有聯絡站提供老人們短期就業機會，以公益法人的形式接受行政單位之委託，進行各類工作機會之配達，諸如便利商店、停車場、管理員、保育員、照護員等，以輕勞動、短時間服務為主，至今已行之有年，效果良好，老人們生活覺得有充實感。

除了推動就業仲介外，還有各類的聯誼活動，譬如北海道旭川市有一棒球隊由七十歲以上的老球員組成，上場全隊的球員總歲數近達六百五十歲，他們個個生龍活虎，球技純熟，唯跑步稍慢，隊中有數位曾經是太平洋聯盟的職棒球員，經常會擊出全壘打，然後慢慢跑回本壘，可謂「老技猶存」。

最近NHK電視台播出以四十年前橫掃亞洲的女子排球隊為班底的「東洋魔女」排球隊復出的消息，鏡頭中看到她們的老隊長小林和子，今年以七十二歲高齡帶領一批以前並肩作戰的女將們，參加全日本女排大賽，她們英勇如昔，面對年經的對手毫不手軟，照樣拍、撲、殺、壓；只可惜雖鬥志高昂，仍不免落敗，結局以第五名作收，然而她們雀躍高呼「好快樂」，真的讓我感覺到年齡不是問題。

發表於一〇〇年十月八日

47 真誠的力量

日本國家電視台有鑑於老年人口增加，每一百人中六十五歲以上的老人就占十五．八人，加上少子化的影響，國家的勞動資源每況愈下，而在節目中每日安排三次教導國民要做體操，每次十五分鐘，鼓勵大家要動，要運動，即使國家經費再拮据，每年對運動體育經費絲毫未做刪減，目的是要國民維持健康，才有健全的動力，國家競爭力才不致衰退。

全世界的人都知道日本是長壽之國，政府對老人的照顧不遺餘力，致國民健康保險因老年人口攀升招致「破產」之境，才有自二〇〇八年四月一日起，不得不把所謂的「老人」切割為二，凡六十五歲至七十四歲的老人稱為「前期老人」，七十五歲後之老人稱為「後期老人」。政府的財政在困難重重之下，無論任何政黨執政，都不敢對這些龐大的人口掉以輕心。

反觀台灣現實的狀況，「老人福利法」自民國六十九年立案後到今天，除經費上對老人們優待之外，在積極面對老人照顧方面和北歐、日本差距甚大，老人真正需要的除了經費之外，最需要的就是健康和精神面的照護，這方面我國尚有很大的改善空間。

基於此，民國九十五年十月三十日，台灣出現了以老人健康為主軸，以互助為基調的一個團體，「台灣銀髮族協會」成立了，以台大田徑隊校友為班底，台灣企業研究社為骨幹，在呂世光先生和林茂雄先生的號召之下，自台大教授葉政秀的家裡從零出發，用自籌的經費篳路藍縷地開創，為台灣老人建立一個可以相互依偎照應的「家」，目的是要讓他們「動」起來，走出去，面向陽光，擺脫陰影，這個非營利組織從一開始的三十人，到一年後一五〇人，至二〇一一年初已發展到三六八〇人，每年以二〇〇％的速度在增加，預計至二〇一二年將有一萬人左右，教授們的愛心與真誠無私的力量令人欽佩。

發表於一〇〇年一月十七日

48 長春房的設計

一九九二年夏日本舉辦花藝博覽會，正如台北舉辦的花博一般，其主旨為呼應當年人類第一次在巴西里約熱內盧舉辦的「世界地球高峰會」的決議：一、維持生態平衡；二、不製造垃圾；三、控制二氧化碳的排放等。以崇尚自然返樸歸真的精神呼籲參加的一三四國，大家來遵守並保護地球環境以求永續生存。在該次展場裡，有各類議題導向的展覽，來自世界各國的展館皆展現其特有環境特質，如：巴西展出的「食人樹」、德國的「陽光屋」，及瑞典的「長壽屋」等，皆提示人類未來如何與地球共存的智慧。

其中令我感到驚訝的是北歐瑞典，竟然以長壽之屋拿到長壽之國日本展示，我想必有其獨到之處，仔細觀察之後發現，瑞典的房屋設計思維和千年以來日本「木匠之神」千利休的想法不謀而合。

瑞典展出的長壽屋其設計原理與和室最大的共同點有五項，一、全部取材自原木，瑞典用大量的針葉松施工，松木的木質細緻、紋理自然，本身含有大量松脂，有防腐的作用，其具有木材特有的香味，不必油漆即可直接用在裝潢上，正如日本房大都以檜木成形有異曲同工之處；北投溫泉鄉多處日據時期所建造的所謂「湯舍」，皆沒有油漆保護依然使用到今天就可足證。二、除了木材外皆使用自然永恆材，如：家具大都以藤質施工輕便而容易移動，和室則用貝殼的粉刷牆，用油紙糊門片，用編織的亞麻緹花布做壁布，或用燈芯草做榻榻米，皆有吸音作用。三、房屋的構造皆有自然的「回風」設計，其屋建造之時必墊高，離開地面而設，以避免土壤的輻射外，最大的功用是讓冷空氣從房子底下氣孔吹進屋內，然後從天花板上引出熱空氣，造成循環現象，其外牆中有空隙，使外邊的冷空氣進不了室內，室內溫度不致外洩，也就是保溫的設計。四、全屋沒有靜電，由於皆無化工類的材料，不致有靜電產生。五、瑞典長壽屋最大特色為設有停車間，停放的不是汽車而是老人用的腳踏車，鼓勵住在此屋的人要勤於運動，和日本的和室房外設有日本庭園意味著要勤加保養灌溉，其目的皆相同。

活在充滿人工打造的水泥叢林的人們，要使壽命延長，從上述的啟示裡應該注意到返樸歸真的重要，遠離化工材料汙染、遠離噪音的喧囂、遠離輻射與靜電、遠離非自然的加工品，並注意要流汗度日，勤於勞動，則善莫大焉。

發表於一〇〇年九月五日

49 使命感

日本千年大震造成了史無前例的災難，地震、海嘯、火災三災合擊下，使日本東北部如首相菅直人言「最壞的打算準備全域廢棄」，可見事態之嚴重。

然而在此危難的當下，我們看見了日本人無數可歌可泣深植人心的故事，值得我們學習，希望在記憶猶新之時記錄下來，做為我們往後行事可仿效。其一就是震撼人心的五十位救災英勇壯士，他們看到自己工作的核能電廠遭受地震及海嘯的衝擊，由救援總隊長富岡豐彥帶隊，結合東京消防部長佐藤康雄號召了數十名年資二十年上下自願加入救災的資深職工組成四個分隊，在災變後的一週進入輻射值高達四百毫西弗以上之廠內搶救電路，鋪設電纜以便接通電路恢復廠內自主之冷卻系統，其工作極具危險且情境險惡，每人背負二十二公斤重的防護衣，在漆黑的環境中摸黑工作，雙腳泡在強烈輻射廢水中，需一刻不停的工作，他們視死如歸、無怨無悔，每人在進入廠區前都寫好遺書，告訴妻兒自己保重之外，並闡述此項工作是他們不可推辭的使命，只有勇往直前，妻子回給他們的信是希望他們能成為日本的「救世主」，頗令人感動。

另一則故事是在岩手縣防災館擔任廣播工作的遠藤未希，二十四歲，專科畢業後來到防災館工作，地點在該館的二樓，其工作是對防護安全的指示用廣播向市民宣導，此次海嘯來臨時，她依例高聲廣播告知市民逃離到高台，由於海浪來得急又猛，剎那之間沖到只有三樓高的防災館建築，依事後發現海嘯高度達八．七公尺，顯然遠藤未希在二樓是因堅持崗位逃避不及而遭溺死，據該館存活下來的職員形容，只數秒之差，頗為可惜，她的父母來到災後殘破不堪的現場，只希望見到由於聽見女兒的廣播而逃離成功的人，敘述他們的女兒所講的每句話，也為女兒因廣播而救人無數感到光榮，以上這兩則在當下發生的真實故事引人深省，他們所受的教育透過此次的災難反應出其影響職場倫理中最可貴的核心價值——使命感。

發表於一〇〇年三月廿四日

50 方向音痴

在音樂世界裡有「絕對音感」的說法，即耳朵背對琴鍵可以分辨是「Mi」或是「Fa」，這種人學音樂可說是天賦最佳的條件。然而對於方向則沒有所謂的「絕對方向感」，但從動物的表現卻可發現牠們對方向有正確把握的能力，譬如從海上放飛的鴿子，無論晝夜牠都可以飛回陸上的老巢；鮭魚也是，不管離鄉再遠臨死前必游回出生地傳宗接代而後死亡，這種奇特能力現象在人類似乎就薄弱多了。尤其是上了年紀的老人，空間認知能力有些幾近全無，這種人在日本稱為

「方向音痴」。

依據日本東北大學醫學院機能障礙學教授森悅朗說，這種無方向認知能力的人也算是失智症的一種，也是一種病，隨著高齡化社會越形普遍，依據統計至二〇一〇年六十五歲至六十九歲有一．五％，七十歲至七十四歲有三．六％，七十五歲至七十九歲有七．一％，八十歲至八十四歲有十四．六％，八十五歲以上有二十七．三％，根據上述統計有「方向音痴」症的人不在少數。日本國立東京東村山老人院給予住院的老人一種稱為「IC tag」的小型電子儀器，老人出門時掛在脖子上，隨時可和值班的院方人員通聯，此種小精靈上附有老人住院的號碼、年齡、籍貫、吃藥處方、血型、直接聯絡人，更可貴的是，院方能透過全球定位系統 GPS 知道老人現在的方位，這種高科技的服務使老人出門不因失智症發作而回不了家或忘了吃藥時間，可謂親切又方便。然而民間的老人機構或個人，也許會因經濟條件而有所不同。

在日本東京都澀谷地帶，在街角轉彎處設有像電話亭式的立柱，上有訊問機，另附太陽能集光器可二十四小時供電，稱為「街頭資訊站」，用來問路、車班、方向、醫院、飯店等，且以三種不同語言答客問，對觀光客及失智症老人是一項頗為良善的服務，為了提升都市形象，希望我國的銀髮族們也有如此福氣利用類似的服務。

發表於一〇〇年三月七日

51 人人心中都有一座「優先席」

一百年前鐵達尼號撞了冰山沉沒，當時船上乘客上演了一齣令人感動的畫面，在混亂逃生的過程，這些乘客們第一個想到是婦孺孩童，大家有默契地讓這些女士們登上有限的救生艇。百年後的今天一位高齡的婦女描述當時的狀況時，不禁流下淚來感謝當時讓她先脫身的男士，雖然她叫不出他的名字。這類故事在西洋的社會非常普遍，這種保護弱者的崇高舉止，維繫了世上人類社會文明的脈絡，這種情操也讓人們感到生為人類可貴的一面，迥異於禽獸。

前些日赴日開會，坐上西武線的電車，乘客頗多，在搖晃的電車裡我抓緊了上面的吊環，準備站四十分鐘到川越站，沒多久在角落處看到一處空位子，緩身過去坐下來，這位子上寫著「優先席」，端看四周，在此座位旁很多人還站著，無視於位子空著，原來他們有些是上班族有些是學生，從小被教育要尊敬老者，日本老人之所以較幸福，乃國家拚命在照顧，除健保破產也在所不惜之外，一般社會的教養才是關鍵。

日本小學每次舉行運動會，都會有一項「兩人三腳」跑步運動，甚至全班腳綁在一起跑步比快的比賽，跑步中只要有人亂了調，全班就有可能會撲導致敗戰，自小養成團隊的默契，這種思維影響到他們長大成人後的舉止，大家都尊老，你也不例外，這種風氣在日本非常明顯。

在三一一事件發生後許多家庭破碎，有很多老人因逃生不及被海水淹沒，失怙的孩童頓失父母的依靠，日本厚生省為協助這些孩子們，發起了認養行動，鼓吹企業界優先雇用這些遺孤，這些孩子們感到社會給予的溫暖，在NHK電視台採訪的過程裡，含著眼淚發誓要努力報答恩情。

我們都會老，無人能避免，但老並不是特權，而是一種自然現象，如果意識到這種現象會輪到自己，這種「優先席」的制度其實非常公平，從成田機場飛回台北時，在成田七十三號華航登機門邊，商務座艙入口前看到一排上寫著「優先席」的空座位有八個位子，感到很窩心，雖然空著我卻感到安慰。

發表於一〇〇年五月廿八日

52 日本東京都立東村山養育院巡禮（一）

我的母親太田智惠子於一九五二年十二月自台灣被遣返後，被安插在上野上智大學醫護中心，擔任管理藥劑師之職，直到六十五歲退休，由於無親無故，厚生勞動省優先安置於東京都立東村山養育院，一待就是二十五年，直到終老。

我是她的長子，二十五年來為照護母親，必須像候鳥一樣，無論寒暑往返台日之間，每年至少兩趟以上，幸好母親落腳的東村山養育院，距東京市中心由西武線向西走到久米川站，只要四十分鐘電車車程，非常方便。另外，從電車站坐巴士也只要八分半鐘就可到達東村山站養育院。

養育院占地約一二二五〇〇平方公尺，約三萬七千坪，地幅廣大，戰前是一處軍需田地，經過都市更新後改為福祉用地，由國家經營，為高七層的六大棟建物，可謂是最先做為養育老人之示範社區。以大區塊來分，入門後有一片樹林屬公園區，該區有許多步道及休閒椅，讓院內人可以散步。入內約一百公尺，左側為一所院方附屬的大型醫院「北河老人醫院」，內部的設備非常齊全，和台灣大型研究醫院不分軒輊，較特別的是，全院的無障礙設施極為徹底，走道兩側皆設有雙扶桿，在上者為常人用，在下者為坐輪椅的人用；在標誌方面，皆以顏色和鮮明的文字表示，走道上可看到五顏六色的畫線，分別連結到不同的科別，老人們由於有此醫院二十四小時的守侯，只要有狀況，就可以從養育院住房，直接透過值班的「寮長」＊和醫院的任何部門聯絡，獲適當的照護。醫院和養育院之間有專屬走道，距離大約一百五十公尺，中間有一大型的停車場，家屬若要探望親人往左到醫院，往右到院部都很方便，且停車一律免費。

這所醫院照顧我的母親長達二十五年，我心中只有感謝與感恩，醫院的特點和一般的醫院最大的不同是醫院病歷的追蹤制度，使生性自以為是的母親不得不佩服主治醫師的執著，而乖乖聽話配合治療。

發表於一〇〇年五月十六日

＊寮長即宿舍管理員。

53 東京都立東村山養育院巡禮（二）

養育院分設有單身寮、夫妻寮＊，所謂單身寮即本身有自立能力的人居住，兩人一室男女分開，每位居住者須受寮辦公室的約束。設有寮長，寮長需依老人們的自立能力分為不同照護等級，分置於各樓。寮有總辦公室外，每層皆有分寮辦公室，掌握寮員之生活作息，有若醫院護理站，護理人員分日夜三班輪值，全天候處理每層樓分寮的各種事物，如寮員和醫院間門診時間排定、親朋友人到訪時的登記、領取國民年金的手續、信件送達、活動通知、預告等，可謂日理萬機，由於這些服務人員皆為公務員性質，住寮的人都必須恭敬從命，譬如每天早上七時晨操時間，大家都必須到操場報到，除了身體不適者須由醫師證明外，沒有不聽話的權利。

「寮」以人性化之管理為出發點，每層樓設有會客廳、電視、卡拉ＯＫ及閱報室，在總辦公室周邊設有學習教室，每日皆有老師教歌唱、插花、圍棋、人生漫談、電影欣賞等活動，每逢節日還有大型節慶活動：跳團體舞，目的是讓這些老人們忘憂解悶之餘，還保有繼續成長的機會。每間住房大約五坪大小，兩人一室，一人一床，各有一玄關、衣物間、小茶几、電視架及雜物櫃，床邊有兩張座椅可讓來訪

＊日文「寮」為宿舍之意。

者使用；在室外有一小陽台，可做洗滌及曬衣；房間內除冷暖氣機外，不設任何發熱的器具；在床頭上設有緊急呼救鈴及監控裝置。為了安全，浴室設計在房間之外，內部以無障礙為原則，保暖、防跌、止滑之輔助設施一應俱全，最重要的是，進入浴室後太久沒出來，監控裝置即刻啟動，以保障浴室中各種突發狀況發生。

日本政府照顧老人不遺餘力，眾所周知，立法保障老人福利，民間也有如老人健康聯盟、銀髮協會之NGO組織，各縣市村町皆設有老人福祉之機構，由於老年人的數量增加快速，在二〇〇八年四月不得不改變照顧方式，以免老早破產的健保制度再雪上加霜。

家母自六十五歲住進東村山養育院青葉寮，歷經二十五載，受到無微不至的照顧，在離開人世的最後一刻，於距寮一百多公尺之遙的河北醫院過世，院方主動幫我設置靈堂，召集了生前好友在院內做法事，我趕到日本之後，院方還協助我辦完一切的後事，委實感激不盡。

發表於一〇〇年五月廿二日

附錄

日本內閣府出版 二〇一一年度高齡社會白皮書發刊辭／王健譯

日本是目前世界上唯一老年人口超過二十%的高齡化超級老人大國，重視國民高齡化之同時，每年內閣府（似我國內政部）於年中，必定出版高齡社會白皮書，今年內閣府行政改革大臣是由人氣指數最高的台裔國會議員蓮舫擔任，她一向問政風格犀利，深受選民愛戴，去年國會議員改選她代表民主黨獲全國最高票當選。這份由蓮舫所發表的「高齡社會白皮書」，發刊辭言簡意賅，可供我國內政部社會司參效。

日本內閣府出版二〇一一年度高齡社會白皮書

發刊辭

我國以史無前例的速度進入高齡化時代，在總人口比例當中超過六十五歲人口已經有二十三%之多，他國都無此經歷，我國可稱為經典的高齡化老人之國。若此現象一直持續下去，則到二〇五五年，國民每五人當中預測就有兩位是六十五歲以上，在四人當中就會有一位是超過七十五歲的銀髮族。

這本白皮書基於「高齡社會基本法」之精神，就我國高齡化的各類狀況發生原因及影響做一分析，也針對二〇一〇年政府公布之政策在高齡社會所執行之狀況，和今年度做一記述與比較。

今年的特集主題是呈現在地高齡者之表現及活躍的情形，其目的是考察高齡者們自身參與社會活動，並介紹高齡者參與社會活動的事例，為的是設法防止「老人孤立」於社會的現象發生。

明年起所謂「團塊世代」（指戰後嬰兒潮）就要來臨，一九四七至一九四九年出生的人都達到六十五歲，然而依我國在二〇一五年時男性平均壽命將達八十歲，女性達八十七歲的預測來看，現在各類節目裡已看不到六十五歲的人被稱為「老人」，我認為以前所稱「團塊世代」的人們，本來是要被社會所支持的，但現在情勢已經轉變，應該反過來要支持高齡化的社會，成為在地發揮團結、照護地方社會之核心力量才對。站在政府的立場，我們將全心全意加以支援，我對高齡者衷心期待能保持活躍並投入社會。

本白皮書是為每位國民，能充分理解政府對高齡者之關心與政策而編，也希望有助每位國民在漫長的生涯規劃當中，構築自己的活躍平台，以肯定人生的價值，若是則甚幸。

發表於一〇〇年十二月九日

內容簡介

人如車一樣，可以停車，但不能熄火。

真正的退休不是「熄火」，也不是「停頓」，而是另一種生命形態的「開始」。

本書作者王健，有一個坎坷的早年生活，母親是日本人，與留學日本的父親相識結婚後，遷居來台。台灣光復，個性倔強的她為了不願更改姓氏，於一九五二年，王健十二歲的時候，忍痛與子女訣別，被驅離台灣，返回故鄉日本。

她的離開，造成三個子女的失母之痛，也展開了整整十八年的尋母夢，其中王健的妹妹因尋母夢碎而自殺，王健則在十八年之後，由他所工作的大同公司，派赴日本得以實現與母親見面的夢想。在那個經濟艱難的年代，一張機票都買不起，更遑論盤纏。師大美術系畢業的他之所以進入大同，也是因為公司可能有機會送他去日本。

成長的過程，他以運動與樂器演奏排遣抑鬱的心情。雖為業餘，也成為足球代表隊，在樂器演奏方面更達到商業演出水準，經常在飯店表演。

因為少年時的不快樂，他一輩子都在追求快樂，到了老年，他在銀髮總會以及扶輪社擔任快樂委員會的主任委員。四處演講如何追求快樂，激發人快樂的熱誠。

王健大學主修美術創作、後赴東京修造型藝術，先後從事教職及工業設計、室內設計、建築造型設計等，多才多藝。

他也關懷公共議題，例如社會趨勢與觀念、救貧脫困、老年議題等等，皆十分具有前瞻性。

本書是他圍繞著老年議題的系列文字，包含銀髮樂活運動的推廣、銀髮族生活品質、引介關於銀髮族的最新國際訊息，如醫療照護、政策措施、社會趨勢、文化構成，乃至銀髮族的心靈健康與養生之道。

除了提出專業洞見，王健也以輕暢的筆觸記錄生活之所見所聞，分享生命經驗，以積極開放的心態破除「老而無用」的退休迷思，提出老人不僅要活得健康、活得優雅，更要以歲月賜予的人生智慧，盡其所能地貢獻己力，「真正的退休不是『熄火』，也不是『停頓』，而是另一種生命形態的『開始』。」本書正是他成功開創「第二人生」的最佳證明。

作者簡介

王健

台灣銀髮族協會總會理事，快樂促進委員會主任委員。現任臺北科技大學副教授、專欄作者、專業畫家。

一九四〇年生於鳳山，師大美術系畢業，東京造型大學研究。曾任室內設計協會創會理事長、工業設計協會理事長、日本東京造型學院客座教授、美國密西根大學設計學院客座教授、淡江大學建築系副教授、文化大學美術系副教授、華岡交響樂團首席小號手、消基會監察人，搶救貧窮系列專欄主筆。著有《新麥克筆的世界》、《家庭裝潢一〇〇問》、《購屋須知裝潢篇》、《室內設計表現法》、《居家設計黃金守則》、《救窮脫困大計劃》、《造型之路》、《圓夢計畫》、《王健手繪大全》等書。

生活哲思—新文明生活主張

提倡簡單生活的人肯定會贊同畢卡索所說的話：「藝術就是剔除那些累贅之物。」

小即是美
M型社會的出路
拒絕貧窮
E. F. Schumacher ◎著

中時開卷版一周好書榜
ISBN: 957-0411-02-3
定價：320元

少即是多
擁有更少 過得更好
Goldian Vandn Broeck◎著

ISBN:957-0411-03-1
定價：360元

簡樸
世紀末生活革命
新文明的挑戰
Duane Elgin ◎著

ISBN :978-986-7416-94-0
定價：250元

靜觀潮落
寧靜愉悅的生活美學日記
Sarah Ban Breathnach ◎著

ISBN: 978-986-6513-08-4
定價：450元

美好生活：貼近自然，樂活100
我們反對財利累積，
反對不事生產者不勞而獲。
我們不要編制階層和強制權威，
而希望代之以對生命的尊重。
Helen & Scott Nearing ◎著

ISBN:978-986-6513-59-6
定價：350元

倡導純樸，
並不否認唯美，
反而因為擺脫了
人為的累贅事物，
而使唯美大放異彩。

中時開卷版一周好書榜

德蕾莎修女：一條簡單的道路
和別人一起分享，
和一無所有的人一起分享，
檢視自己實際的需要，
毋須多求。

ISBN:978-986-6513-50-3
定價：210元

115歲有愛不老
一百年有多長呢？
她創造了生命的無限可能
27歲上小學
47歲學護理
67歲獨立創辦養老病院
69歲學瑜珈
100歲更用功學中文……

宋芳綺◎著
中央日報書評推薦

ISBN:978-986-6513-38-1
定價：280元

許哲與德蕾莎
修女在新加坡

大緒文化閱讀卡

姓　名：

地　址：□□□

電　話：(　　)　　　　傳　眞：(　　)

E-mail：

您購買的書名：________________

購書書店：________市（縣）________書店

■您習慣以何種方式購書？

□逛書店 □劃撥郵購 □電話訂購 □傳真訂購 □銷售人員推薦
□團體訂購 □網路訂購 □讀書會 □演講活動 □其他________

■您從何處得知本書消息？

□書店 □報章雜誌 □廣播節目 □電視節目 □銷售人員推薦
□師友介紹 □廣告信函 □書訊 □網路 □其他________

■您的基本資料：

性別：□男 □女　婚姻：□已婚 □未婚　年齡：民國______年次

職業：□製造業 □銷售業 □金融業 □資訊業 □學生
□大眾傳播 □自由業 □服務業 □軍警 □公 □教 □家管
□其他________

教育程度：□高中以下 □專科 □大學 □研究所及以上

建議事項：

愛戀智慧 閱讀大師

廣 告 回 信
北區郵政管理局登記證 北 臺 字 8448 號
免 貼 郵 票

立緒文化事業有限公司 收

台北縣 2 3 1

新店市中央六街62號一樓

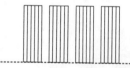

請沿虛線摺下裝訂，謝謝！

立緒文化 閱讀卡

感謝您購買立緒文化的書籍

為提供讀者更好的服務，現在填妥各項資訊，寄回閱讀卡（免貼郵票），或者歡迎上網至http://www.ncp.com.tw，加入立緒文化會員，可享購書優惠折扣和每月新書訊息。

國家圖書館出版品預行編目資料

誰說人老會變醜／王健作.－初版.－新北市：
立緒文化，民 101.08
面； 公分.--（分享叢書）

ISBN 978-986-6513-60-2 (平裝)

1.老年 2.長期照護 3.生活指導

544.8 101014735

誰說人老會變醜

出版——立緒文化事業有限公司（於中華民國 84 年元月由郝碧蓮、鍾惠民創辦）
作者——王健

發行人——郝碧蓮
顧問——鍾惠民

地址——新北市新店區中央六街 62 號 1 樓
電話——(02)22192173
傳真——(02)22194998
E-Mail Address: service@ncp.com.tw
網址：http://www.ncp.com.tw
劃撥帳號——1839142-0 號　立緒文化事業有限公司帳戶
行政院新聞局局版臺業字第 6426 號

總經銷——大和書報圖書股份有限公司
電話——(02)8990-2588　傳真——(02)2290-1658
地址——新北市新莊區五工五路 2 號
排版——伊甸社會福利基金會附設電腦排版
印刷——祥新印刷股份有限公司

法律顧問——敦旭法律事務所吳展旭律師

分類號碼——544.8
ISBN 978-986-6513-60-2
出版日期——中華民國 101 年 8 月初版　一刷(1～2,500)

定價◎260 元